"十三五"高等职业教育国家规划教材

# 应用数学基础(2)

YINGYONG SHUXUE JICHU

（第二版）

主　编　姬小龙　杨尚义
副主编　李坤花

河南大学出版社
·郑州·

图书在版编目(CIP)数据

应用数学基础.2/姬小龙,杨尚义主编.—2版.—郑州:河南大学出版社,2018.11
ISBN 978-7-5649-3580-1

Ⅰ.①应… Ⅱ.①姬… ②杨… Ⅲ.①应用数学-高等职业教育-教材 Ⅳ.①O29

中国版本图书馆 CIP 数据核字(2018)第 266554 号

责任编辑　张雪彩
责任校对　阮林要
封面设计　陈盛杰

| | |
|---|---|
| 出版发行 | 河南大学出版社 |
| 地址 | 郑州市郑东新区商务外环中华大厦 2401 号　　邮编:450046 |
| 电话 | 0371-86059712(高等教育出版分社) |
| | 0371-86059701(营销部)　　网址:www.hupress.com |
| 排　版 | 郑州市今日文教印制有限公司 |
| 印　刷 | 郑州市毛庄印刷厂 |
| 版　次 | 2014 年 7 月第 1 版　　　　　　印次　2019 年 1 月第 5 次印刷 |
| | 2019 年 1 月第 2 版 |
| 开　本 | 787mm×1092mm　1/16　　　　印张　7.75 |
| 字　数 | 127 千字　　　　　　　　　　　定价　23.00 元 |

(本书如有印装质量问题,请与河南大学出版社营销部联系调换)

# 前　言

　　课程建设是高等职业教育专业建设的重要组成部分,而课程建设离不开教材的建设、开发与利用."应用数学基础"是五年制高等职业教育各专业必修的一门公共基础课程,我们在本课程的开发过程中重视教育对象——学生在"课"中的历程、经验、体验.基于此,本书作者在本教材的编写过程中,坚持以学生为中心、以学生"自主学习"为目标、以"易教易学,必须够用"为度的总体要求.

　　本书分为四册,第二册内容包括三角函数,数列,排列、组合与二项式定理,共三章.考虑到目前五年制高职学生的实际情况,本册内容的建议授课时数约为100学时,供五年制高职一年级第二学期使用.

　　本书有别于其他同类教材之处,主要体现在以下几个方面:

　　1. 叙述通俗易懂,着重于基本概念、基本理论、基本方法,突出基础性和实用性,加强对学生的自主学习能力、熟练运算能力、分析问题和解决问题能力的培养,在培养学生数学思想和用数学方法解决实际问题能力方面有一定的尝试.

　　2. 在强调基础性和实用性的同时,坚持"少而精"的原则,重视体系设计,循序渐进,符合学生的特征和认知规律,尽量做到结构体例新颖,便于教师和学生使用.教材的难度深浅适中,既符合学生的实际水平,又加强了教学的针对性,并注意吸收新知识、新观念,便于学生自主学习.

　　3. 针对五年制高职生的实际状况,降低了编写起点,将一些初中数学的基础知识融入其中,切实做到教学中师生使用"零起点"和"无障碍",照顾到了各种层次学生的特点与实际.

　　4. 在例题、课堂练习、习题、复习题、自测题选取上注意难易适中,适度加强课堂练习力度.每一节课后设有练习,每一小节后设有习题,每一章后设有复习题,每一册书后设有自测题.学生通过独立完成练习、习题、复习题、自测题这4个环节的做题训练,基本上能够达到本课程的教学目标.

  本书由姬小龙、杨尚义任主编,编写分工如下:李坤花(第5章)、姬小龙(第6章)、杨尚义(第7章).本书由姬小龙承担策划、统稿等工作.

  由于编者水平有限,不足之处在所难免,真诚欢迎使用本教材的教师、学生和同行专家、学者批评指正,以便修订时完善.

编 者

2018年7月

# 目 录

## 第 5 章 三角函数 /1

§5.1 角的概念的推广与弧度制 /1
　　1. 角的概念的推广 /1
　　2. 弧度制 /4
　　习题 5.1 /6

§5.2 三角函数的定义 /7
　　1. 任意角三角函数的定义 /7
　　2. 正弦、余弦函数在单位圆上的表示 /10
　　习题 5.2 /11

§5.3 同角三角函数的基本关系式 /12
　　习题 5.3 /14

§5.4 诱导公式 /14
　　习题 5.4 /20

§5.5 加法公式 /21
　　1. 两角和与差的正弦、余弦与正切 /21
　　2. 二倍角的正弦、余弦与正切 /23
　　习题 5.5 /25

§5.6 三角函数的图象与性质 /26
　　1. 三角函数的周期性 /26
　　2. 正弦、余弦函数的图象与性质 /27
　　3. 正切函数的图象与性质 /31
　　习题 5.6 /33

§5.7 正弦型曲线 /34
　　1. 正弦型曲线的概念 /34

2. 化 $a\sin\omega x + b\cos\omega x$ 为 $A\sin(\omega x + \varphi)$ 形式　/37

　　习题 5.7　/38

§5.8　反三角函数　/39

　　1. 反正弦函数　/39

　　2. 反余弦函数　/41

　　3. 反正切函数与反余切函数　/43

　　4. 简单三角方程　/45

　　习题 5.8　/47

名词索引　/48

数学符号　/48

常用公式　/49

复习题 A　/50

复习题 B　/53

# 第6章　数列　/56

§6.1　数列　/56

　　1. 数列的概念　/56

　　2. 数列的通项　/57

　　3. 递推数列　/58

　　4. 数列的分类　/59

　　习题 6.1　/60

§6.2　等差数列　/61

　　1. 等差数列及其通项公式　/61

　　2. 等差数列的前 $n$ 项和公式　/64

　　习题 6.2　/67

§6.3　等比数列　/68

　　1. 等比数列及其通项公式　/68

　　2. 等比数列的前 $n$ 项和公式　/72

　　习题 6.3　/75

名词索引　/76

数学符号　/76

常用公式 /76
复习题 A /77
复习题 B /79

## 第 7 章　排列、组合与二项式定理 /83

§7.1　加法原理和乘法原理 /83
　　1. 加法原理 /83
　　2. 乘法原理 /84
　　习题 7.1 /86
§7.2　排列 /87
　　1. 排列的定义 /87
　　2. 排列数公式 /88
　　3. 重复排列 /91
　　习题 7.2 /92
§7.3　组合 /93
　　1. 组合的定义 /93
　　2. 组合数公式 /93
　　3. 组合数的两个基本性质 /96
　　4. 排列、组合的应用 /97
　　习题 7.3 /100
§7.4　二项式定理 /101
　　1. 二项展开式 /101
　　2. 二项式系数的性质 /103
　　习题 7.4 /105
名词索引 /106
数学符号 /106
常用公式 /106
复习题 A /108
复习题 B /110

自测题 /113

# 第5章 三角函数

在科学技术和工程实践中经常会遇到许多周期性现象,这些现象的规律都可以用三角函数来描述. 本章将在角的概念推广的基础上,讨论任意角的三角函数,学习一些三角关系式,研究三角函数的图象和性质,最后学习一些简单的三角方程的解法.

## §5.1 角的概念的推广与弧度制

### 1. 角的概念的推广

角可以看成平面内一条射线绕着端点从一个位置旋转到另一个位置所成的图形. 在图 5-1 中,一条射线的端点是 $O$,它从起始位置 $OA$ 按逆时针方向旋转到终止位置 $OB$,形成一个角 $\alpha$,点 $O$ 是角的顶点,射线 $OA$、$OB$ 分别是角 $\alpha$ 的始边和终边.

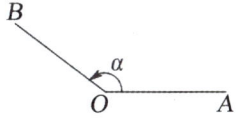

图 5-1

初中课本讨论的角都是 $0°$ 到 $360°$ 之间的角,但现实生活中还会遇到超出这个范围的角. 例如,体操中有"转体 2 周"、"转体 3 周"等,旋转的方向也有顺时针和逆时针的不同. 下面我们将角的概念加以推广,推广到任意角.

我们有如下规定:射线绕它的端点按逆时针方向旋转所形成的角叫作正角,按顺时针方向旋转所形成的角叫作负角. 如果一条射线没有作任何旋转,就称它形成了一个零角. 例如,图 5-2(1) 中的角是一个正角,它等于 $750°$,图

5-2(2)中的角是一个负角,它等于－330°.

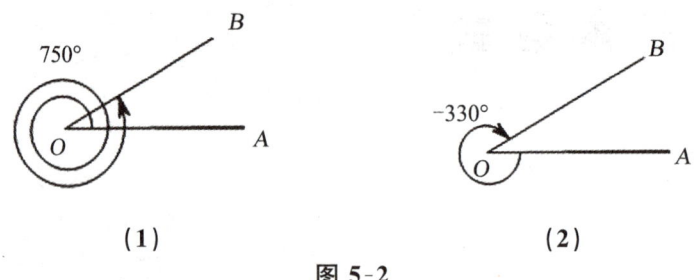

(1)                      (2)

图 5-2

这样,我们把角的概念推广到了任意角,包括正角、负角和零角.

在平面直角坐标系中讨论角,为了讨论问题的方便,我们使角的顶点与原点重合,角的始边与 $x$ 轴的非负半轴重合,那么,角的终边在第几象限,就说这个角是**第几象限角**. 如果角的终边在坐标轴上,就认为这个角不属于任何一个象限.

如图 5-3 所示,60°是第一象限角,135°是第二象限角,－120°是第三象限角,－30°是第四象限角.

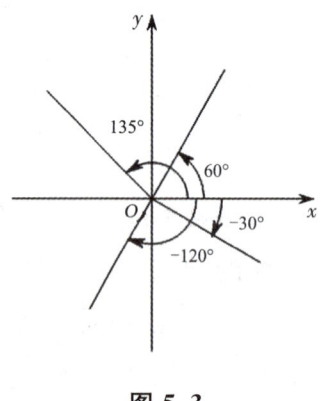

图 5-3

1. 锐角是第几象限角? 第一象限角一定是锐角吗? 再分别就直角、钝角来回答这两个问题.

2. 已知角的顶点与平面直角坐标系的原点重合,在直角坐标系内作出下列各角,并指出它们是第几象限角.

(1) 420°;   (2) －75°;   (3) 800°;   (4) －510°.

如图 5-4 所示,30°,390°,－330°都是第一象限角,且都以 $OA$ 为终边. 很明显,以 $OA$ 为终边的角有无限多个,这些具有公共终边的角叫作**终边相同的角**. 例如,390°,-330°都是与 30°终边相同的角.

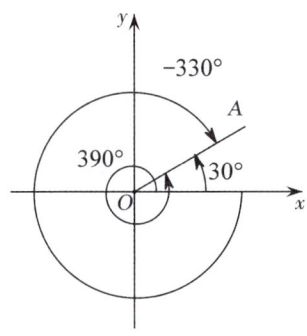

图 5-4

与 30°角终边相同的角都可以表示为
$$30°+k \cdot 360°(k\in \mathbf{Z})$$
的形式,当 $k=0,\pm 1,\pm 2,\cdots$ 时,角分别为 30°,390°,-330°,750°,-690°,$\cdots$

一般地,所有与角 $\alpha$ 终边相同的角(包括角 $\alpha$)的集合可表示为
$$\{\beta|\beta=\alpha+k \cdot 360°,k\in \mathbf{Z}\}.$$

【**例 1**】 在 0°~360°间找出与下列各角终边相同的角,并判断它们是第几象限角.

(1) 640°; (2) -950°; (3) -1180°.

**解** (1) 因为 640°=280°+360°,所以 640°的角与 280°的角的终边相同,而 280°是第四象限角,所以 640°是第四象限角.

(2) 因为 -950°=130°+(-3)×360°,所以 -950°的角与 130°的角的终边相同,而 130°是第二象限角,所以 -950°是第二象限角.

(3) 因为 -1180°=260°+(-4)×360°,所以 -1180°的角与 260°的角的终边相同,而 260°是第三象限角,所以 -1180°是第三象限角.

 练习

1. 在 0°~360°间找出与下列各角终边相同的角,并判断它们是第几象限角.

(1) -54°; (2) 395°; (3) -1190°.

## 2. 弧度制

角可以用度为单位进行度量，1 度的角等于周角的 $\frac{1}{360}$. 这种用度为单位来度量角的单位制叫作 **角度制**. 为了使用方便，数学上还采用另一种度量角的单位制——**弧度制**.

我们把单位长度等于半径长的弧所对的圆心角叫 **1 弧度的角**，用符号 rad 表示，读作 **弧度**. 如图 5-5 所示，圆 $O$ 的半径为 1，$\overset{\frown}{AB}$ 的长等于 1，$\angle AOB$ 就是 1 弧度的角.

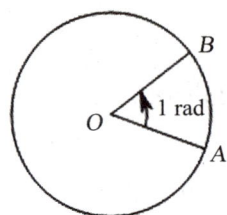

**图 5-5**

设圆的半径为 $r$，圆弧长为 $l$，该弧所对圆心角为 $\alpha$，则 $|\alpha| = l/r$. 也就是说，圆心角的弧度数的绝对值等于该角所对的弧长与圆半径的比.

一般地，正角的弧度数是一个正数，负角的弧度数是一个负数，零角的弧度数是 0. 因此，角的弧度数与实数是一一对应的.

用弧度制表示角时，通常省略"弧度"或"rad". 例如，30°角和 60°角用弧度制表示分别为 $\frac{\pi}{6}$，$\frac{\pi}{3}$.

角度制与弧度制是度量角的两种制度，在实际应用中，有时需要进行角度制和弧度制之间的换算. 一个周角为 360°，用弧度制表示为

$$360° = 2\pi \text{ rad} = 2\pi.$$

于是有角度制和弧度制转化公式：

$$1° = \frac{\pi}{180} \approx 0.01745 \text{ rad};$$

$$1 \text{ rad} = \left(\frac{180}{\pi}\right)° \approx 57.30°.$$

【例 2】用弧度制表示下列角：

(1) $67°30'$；　　　　(2) $36°$.

**解** (1) $67°30' = 67.5° = 67.5 \times \frac{\pi}{180} = \frac{3}{8}\pi$；

(2) $36° = 36 \times \dfrac{\pi}{180} = \dfrac{\pi}{5}$.

**【例 3】** 用角度制表示下列角：

(1) $-\dfrac{5}{3}\pi$；　　(2) 3.5.

**解**　(1) $-\dfrac{5}{3}\pi = -\dfrac{5}{3} \times 180° = -300°$；

(2) $3.5 \approx 3.5 \times 57.30° = 200.55°$.

**【例 4】** 写出与下列角终边相同的角的集合：

(1) $\dfrac{3}{4}\pi$；　　(2) $-\dfrac{2}{5}\pi$.

**解**　(1) 与 $\dfrac{3}{4}\pi$ 终边相同的角的集合为 $\left\{\beta \mid \beta = \dfrac{3}{4}\pi + 2k\pi, k \in \mathbf{Z}\right\}$；

(2) 与 $-\dfrac{2}{5}\pi$ 终边相同的角的集合为 $\left\{\beta \mid \beta = -\dfrac{2}{5}\pi + 2k\pi, k \in \mathbf{Z}\right\}$.

表 5-1 给出了一些特殊角的度数与弧度数的对应关系.

表 5-1　一些特殊角的度数与弧度数的对应关系

| 度 | 0° | 30° | 45° | 60° | 90° | 120° | 135° | 150° | 180° | 270° | 360° |
|---|---|---|---|---|---|---|---|---|---|---|---|
| 弧度 | 0 | $\dfrac{\pi}{6}$ | $\dfrac{\pi}{4}$ | $\dfrac{\pi}{3}$ | $\dfrac{\pi}{2}$ | $\dfrac{2}{3}\pi$ | $\dfrac{3}{4}\pi$ | $\dfrac{5}{6}\pi$ | $\pi$ | $\dfrac{3}{2}\pi$ | $2\pi$ |

由 $|\alpha| = l/r$ 可得，半径为 $r$，弧度数为 $|\alpha|$ 的圆心角所对的弧长为 $l = |\alpha|r$，其中角 $\alpha$ 的单位为弧度.

**【例 5】** 已知圆的半径为 19 cm，求圆心角 46° 所对的圆弧长（精确到 0.01 cm）.

**解**　因为公式 $l = |\alpha|r$ 中角的单位必须为弧度，所以先将度数化为弧度. $\alpha = 46° \approx 46 \times 0.01745 = 0.8027$，由公式 $l = |\alpha|r$ 得所求的圆弧长为
$$l = r\alpha \approx 19 \times 0.8027 \approx 15.25 (\text{cm}).$$

**练习**

1. 用弧度制表示下列角：
   (1) $22°30'$；　　(2) $-210°$；　　(3) $1200°$.

2. 用角度制表示下列角：

(1) $\dfrac{\pi}{12}$;　　　　(2) $-\dfrac{4}{3}\pi$;　　　　(3) $\dfrac{3}{10}\pi$.

3. 写出与下列角终边相同的角的集合：

(1) $\dfrac{2}{7}\pi$;　　　　(2) $-\dfrac{\pi}{5}$.

4. 已知圆的半径为 20 cm，求圆心角 60° 所对的圆弧长.

## 习题 5.1

1. 判断题：

(1) 平面上的角只包括正角和负角.　　　　　　　　　　(　　)

(2) 终边相同的角一定相等.　　　　　　　　　　　　　(　　)

(3) 第二象限的角都是钝角.　　　　　　　　　　　　　(　　)

(4) 不相等的角一定终边不同.　　　　　　　　　　　　(　　)

2. 选择题：

(1) 已知 $\alpha$ 是锐角，那么 $2\alpha$ 是(　　).

　　A. 第一象限角　　　　　　　B. 第二象限角

　　C. 小于 180° 的正角　　　　D. 第一或第二象限角

(2) 已知 $\alpha$ 是第一象限角，那么 $\dfrac{\alpha}{2}$ 是(　　).

　　A. 第一象限角　　　　　　　B. 第二象限角

　　C. 第一或第二象限角　　　　D. 第一或第三象限角

3. 在直角坐标系中作出下列各角：

(1) $-45°$;　　(2) $120°$;　　(3) $-330°$;　　(4) $225°$.

4. 在 0°～360° 范围内，找出与下列各角终边相同的角，并指出它们是哪个象限的角：

(1) $-545°$;　　(2) $1150°$;　　(3) $-630°$;　　(4) $2225°$.

5. 把下列各角度化成弧度：

(1) $723°$;　　(2) $-120°$;　　(3) $1095°$;　　(4) $1040°$.

6. 把下列各弧度化成角度：

(1) $-\dfrac{5}{6}\pi$;　　(2) $-\dfrac{7}{3}\pi$;　　(3) $1.5$;　　(4) $\dfrac{2}{3}$.

7. 已知圆的半径为 30 cm，求圆心角 45° 所对的圆弧长.

## §5.2　三角函数的定义

### 1. 任意角三角函数的定义

根据锐角三角函数的定义,在直角三角形 $ABC$ 中,设 $A$ 的对边为 $a$,$B$ 的对边为 $b$,$C$ 的对边为 $c$(见图 5-6),锐角 $A$ 的正弦、余弦、正切、余切依次为

$$\sin A=\frac{a}{c},\quad \cos A=\frac{b}{c},\quad \tan A=\frac{a}{b},\quad \cot A=\frac{b}{a}.$$

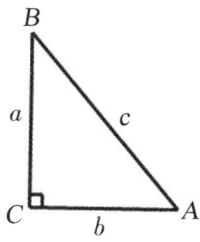

图 5-6　　　　　　　图 5-7

角的概念推广以后,可以把三角函数的定义推广到任意角的情况. 设 $\alpha$ 是任意一个角,角 $\alpha$ 的终边上不与原点重合的任意一点 $P$ 的坐标为 $(x,y)$,原点和 $P$ 点的距离是 $|OP|=\sqrt{x^2+y^2}=r(r>0)$,如图 5-7 所示,角 $\alpha$ 的正弦、余弦、正切、余切、正割和余割分别定义如下:

(1) 比值 $\dfrac{y}{r}$ 叫作 $\alpha$ 的 正弦,记作 $\sin\alpha$,即 $\sin\alpha=\dfrac{y}{r}$;

(2) 比值 $\dfrac{x}{r}$ 叫作 $\alpha$ 的 余弦,记作 $\cos\alpha$,即 $\cos\alpha=\dfrac{x}{r}$;

(3) 比值 $\dfrac{y}{x}$ 叫作 $\alpha$ 的 正切,记作 $\tan\alpha$,即 $\tan\alpha=\dfrac{y}{x}$;

(4) 比值 $\dfrac{x}{y}$ 叫作 $\alpha$ 的 余切,记作 $\cot\alpha$,即 $\cot\alpha=\dfrac{x}{y}$;

(5) 比值 $\dfrac{r}{x}$ 叫作 $\alpha$ 的 正割,记作 $\sec\alpha$,即 $\sec\alpha=\dfrac{r}{x}$;

(6) 比值 $\dfrac{r}{y}$ 叫作 $\alpha$ 的 余割,记作 $\csc\alpha$,即 $\csc\alpha=\dfrac{r}{y}$.

由上述定义可知,对于确定的角 $\alpha$,比值 $\dfrac{y}{r},\dfrac{x}{r},\dfrac{y}{x},\dfrac{x}{y},\dfrac{r}{x},\dfrac{r}{y}$ 都是确定的实数,所以 $\sin\alpha,\cos\alpha,\tan\alpha,\cot\alpha,\sec\alpha,\csc\alpha$(如果存在的话)都是以 $\alpha$ 为自变量、以比值为函数值的函数,分别称为**正弦函数**、**余弦函数**、**正切函数**、**余切函数**、**正割函数**、**余割函数**,统称为**三角函数**.

应该注意的是,当 $\alpha=\dfrac{\pi}{2}+k\pi(k\in\mathbf{Z})$ 时,$\alpha$ 的终边在 $y$ 轴上,终边上任意一点的横坐标 $x$ 都是 0,所以 $\tan\alpha=\dfrac{y}{x}$ 与 $\sec\alpha=\dfrac{r}{x}$ 无意义;同理,当 $\alpha=k\pi(k\in\mathbf{Z})$ 时,$\cot\alpha=\dfrac{x}{y}$ 与 $\csc\alpha=\dfrac{r}{y}$ 无意义. 由此可得正弦函数、余弦函数、正切函数、余切函数的定义域,如表 5-2 所示.

表 5-2 正弦、余弦、正切、余切函数的定义域

| 函数 | $\sin\alpha$ | $\cos\alpha$ | $\tan\alpha$ | $\cot\alpha$ |
| --- | --- | --- | --- | --- |
| 定义域 | $\mathbf{R}$ | $\mathbf{R}$ | $\{\alpha\mid\alpha\in\mathbf{R},\alpha\neq\dfrac{\pi}{2}+k\pi,k\in\mathbf{Z}\}$ | $\{\alpha\mid\alpha\in\mathbf{R},\alpha\neq k\pi,k\in\mathbf{Z}\}$ |

由三角函数的定义以及各象限内点的坐标的符号,可得三角函数值在各象限的符号,如图 5-8 所示.

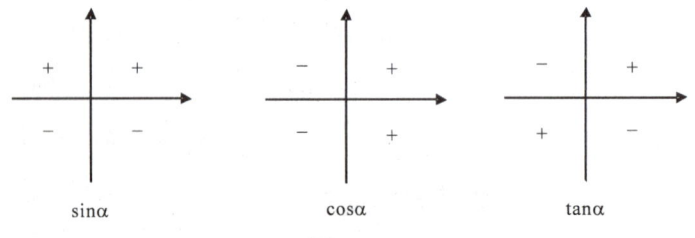

图 5-8

【例 1】已知角 $\alpha$ 的终边过点 $P(-4,3)$,求角 $\alpha$ 的六个三角函数值.

**解** 因为 $x=-4,y=3$,所以 $r=\sqrt{(-4)^2+3^2}=5$.

角 $\alpha$ 的六个三角函数值分别为

$$\sin\alpha=\dfrac{y}{r}=\dfrac{3}{5},\qquad \cos\alpha=\dfrac{x}{r}=-\dfrac{4}{5},$$

$$\tan\alpha=\dfrac{y}{x}=-\dfrac{3}{4},\qquad \cot\alpha=\dfrac{x}{y}=-\dfrac{4}{3},$$

$$\sec\alpha=\dfrac{r}{x}=-\dfrac{5}{4},\qquad \csc\alpha=\dfrac{r}{y}=\dfrac{5}{3}.$$

【例 2】求 $0°,90°$ 的六个三角函数值.

**解** (1) 如图 5-9 所示,因为 $\alpha=0°$ 时,$x=r$,$y=0$,所以 $\sin 0°=0$,$\cos 0°=1$,$\tan 0°=0$,$\cot 0°$ 不存在,$\sec 0°=1$,$\csc 0°$ 不存在.

(2) 如图 5-10 所示,因为 $\alpha=90°$ 时,$x=0$,$y=r$,所以 $\sin 90°=1$,$\cos 90°=0$,$\tan 90°$ 不存在,$\cot 90°=0$,$\sec 90°$ 不存在,$\csc 90°=1$.

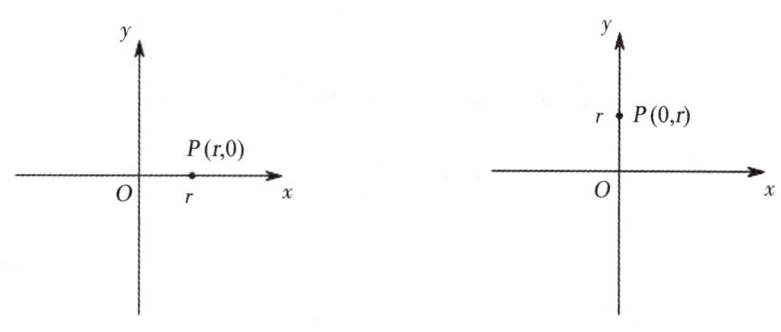

图 5-9　　　　　　　　图 5-10

【**例 3**】确定下列三角函数值的符号:

(1) $\cos 210°$;　　(2) $\sin\left(-\dfrac{\pi}{3}\right)$;　　(3) $\tan(-680°)$.

**解** (1) 因为 $210°$ 是第三象限角,所以 $\cos 210°<0$;

(2) 因为 $-\dfrac{\pi}{3}$ 是第四象限角,所以 $\sin\left(-\dfrac{\pi}{3}\right)<0$;

(3) 因为 $-680°=40°-2\times 360°$ 是第一象限角,所以 $\tan(-680°)>0$.

【**例 4**】根据所给的条件,确定角 $\theta$ 所在的象限:

(1) $\sin\theta>0$ 且 $\tan\theta<0$;　　(2) $\sin\theta\cos\theta>0$.

**解** (1) 由 $\sin\theta>0$,可知 $\theta$ 是第一或第二象限角;由 $\tan\theta<0$,可知 $\theta$ 是第二或第四象限角. 所以 $\theta$ 是第二象限角.

(2) 由 $\sin\theta\cos\theta>0$,可知 $\begin{cases}\sin\theta>0,\\ \cos\theta>0\end{cases}$ 或 $\begin{cases}\sin\theta<0,\\ \cos\theta<0.\end{cases}$ 若 $\begin{cases}\sin\theta>0,\\ \cos\theta>0,\end{cases}$ 则 $\theta$ 为第一象限角;若 $\begin{cases}\sin\theta<0,\\ \cos\theta<0,\end{cases}$ 则 $\theta$ 为第三象限角. 所以,$\theta$ 为第一或第三象限角.

### 练习

1. 已知角 $\alpha$ 终边上点 $P$ 的坐标如下,求角 $\alpha$ 的六个三角函数值:

(1) $(4,-3)$;　(2) $(1,-\sqrt{3})$;　(3) $(0,5)$;　(4) $(-4,0)$.

2. 求角 $180°$,$270°$ 的六个三角函数值.

3. 确定下列三角函数值的符号:

(1) $\cos 240°$; (2) $\sin\left(-\dfrac{1}{4}\pi\right)$; (3) $\tan(-500°)$.

4. 根据所给的条件,确定角 $\theta$ 所在的象限:

(1) $\cos\theta>0$ 且 $\tan\theta<0$; (2) $\sin\theta\cos\theta<0$.

## 2. 正弦、余弦函数在单位圆上的表示

在直角坐标系中,以原点为圆心,以 1 个单位长度为半径的圆叫作**单位圆**.

如图 5-11 所示,设点 $M(x,y)$ 是任意角 $\alpha$ 的终边 $OP$ 与单位圆的交点,则 $r=|OM|=1$,由任意角的三角函数定义可得

$$\sin\alpha=\frac{y}{r}=\frac{y}{1}=y, \quad \cos\alpha=\frac{x}{r}=\frac{x}{1}=x.$$

角 $\alpha$ 的正弦等于它的终边 $OP$ 与单位圆交点的纵坐标,角 $\alpha$ 的余弦等于它的终边 $OP$ 与单位圆交点的横坐标.

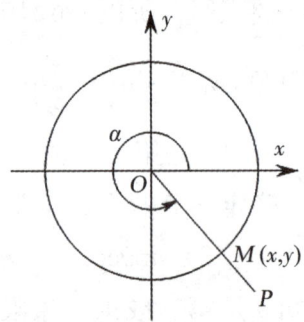

图 5-11

【例 5】 已知角 $\alpha$ 的终边与单位圆的交点为 $P\left(\dfrac{1}{2},\dfrac{\sqrt{3}}{2}\right)$,求 $\sin\alpha,\cos\alpha$ 的值.

**解** 因为 $\sin\alpha$ 等于它的终边与单位圆交点的纵坐标,所以 $\sin\alpha=\dfrac{\sqrt{3}}{2}$;因为 $\cos\alpha$ 等于它的终边与单位圆交点的横坐标,所以 $\cos\alpha=\dfrac{1}{2}$.

【例 6】 已知 $\cos\alpha=\dfrac{1}{2}$,利用单位圆作出在 0 到 $2\pi$ 之间的角 $\alpha$.

作法:在直角坐标系中作以原点为圆心的单位圆,在 $x$ 轴上取横坐标等于 $\dfrac{1}{2}$ 的点 $M$(见图 5-12),然后过点 $M$ 作 $y$ 轴的平行线,与单位圆交于 $P_1,P_2$

两点,它们的横坐标都等于 $\dfrac{1}{2}$,即以 $OP_1$ 和 $OP_2$ 为终边的角的余弦都等于 $\dfrac{1}{2}$. 图中的 $\alpha_1$ 和 $\alpha_2$ 即为所求的角.

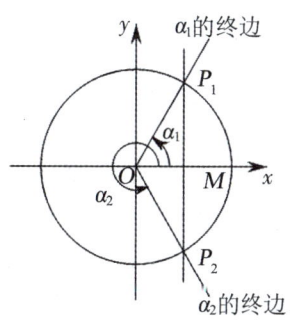

图 5-12

1. 已知角 $\alpha$ 的终边与单位圆的交点为 $P\left(-\dfrac{\sqrt{3}}{2},\dfrac{1}{2}\right)$,求 $\sin\alpha,\cos\alpha$ 的值.

2. 已知 $\sin\alpha=\dfrac{1}{2}$,利用单位圆作出在 $0\sim2\pi$ 间的角.

## 习题 5.2

1. 已知角 $\alpha$ 的终边经过下列各点,求角 $\alpha$ 的六个三角函数值:

   (1) $(-8,6)$;  (2) $(-3,-3\sqrt{2})$;  (3) $(1,-\sqrt{2})$.

2. 确定下列三角函数值的符号:

   (1) $\sin 156°$;  (2) $\cos\left(\dfrac{16}{5}\pi\right)$;  (3) $\tan\left(-\dfrac{17}{8}\pi\right)$;

   (4) $\cos(-420°)$;  (5) $\sin\left(-\dfrac{4}{3}\pi\right)$;  (6) $\tan 510°$.

3. 确定下列式子的符号:

   (1) $\tan 125° \cdot \sin 273°$;  (2) $\dfrac{\tan 108°}{\cos 305°}$;

   (3) $\sin\dfrac{5}{4}\pi \cdot \cos\dfrac{4}{5}\pi \cdot \tan\dfrac{11}{6}\pi$;  (4) $\dfrac{\cos\dfrac{5}{6}\pi \cdot \tan\dfrac{11}{6}\pi}{\sin\dfrac{2}{3}\pi}$.

4. 根据所给的条件，确定角 $\theta$ 所在的象限：

   (1) $\sin\theta < 0$ 且 $\tan\theta > 0$；   (2) $\tan\theta\sin\theta < 0$.

5. 已知角 $\alpha$ 的终边与单位圆的交点为 $P\left(\dfrac{4}{5}, -\dfrac{3}{5}\right)$，求 $\sin\alpha, \cos\alpha$ 的值.

6. 已知 $\sin\alpha = -\dfrac{1}{2}, \cos\alpha = -\dfrac{\sqrt{3}}{2}$，求角 $\alpha$ 的终边与单位圆的交点的坐标.

7. 利用单位圆作出在 $0 \sim 2\pi$ 间的角 $\alpha$，已知：

   (1) $\sin\alpha = -\dfrac{1}{2}$；   (2) $\cos\alpha = \dfrac{4}{5}$.

8. 设 $M(x, 2)$ 是角 $\alpha$ 终边上的一点，按下列条件求 $x$ 的值.

   (1) $\sin\alpha = \dfrac{2}{3}$；   (2) $\tan\alpha = -\dfrac{1}{3}$；   (3) $\cos\alpha = \dfrac{4}{5}$.

9. 已知角 $\dfrac{5}{6}\pi$ 的终边与单位圆相交于点 $P$，求 $P$ 的坐标和 $\dfrac{5}{6}\pi$ 的余弦和正弦.

10. 已知 $f(x) = \sin\left(x - \dfrac{\pi}{4}\right) - 3\cos 2x + \cos\left(x + \dfrac{3}{4}\pi\right)$，求 $f\left(\dfrac{\pi}{4}\right)$ 和 $f\left(\dfrac{3\pi}{4}\right)$.

## §5.3　同角三角函数的基本关系式

根据三角函数的定义，可以得到同角三角函数的基本关系式.

**倒数关系**

$$\sin\alpha \cdot \csc\alpha = 1;$$
$$\cos\alpha \cdot \sec\alpha = 1;$$
$$\tan\alpha \cdot \cot\alpha = 1.$$

**商数关系**

$$\dfrac{\sin\alpha}{\cos\alpha} = \tan\alpha;$$
$$\dfrac{\cos\alpha}{\sin\alpha} = \cot\alpha.$$

**平方关系**

$$\sin^2\alpha + \cos^2\alpha = 1;$$

$$1+\tan^2\alpha=\sec^2\alpha;$$
$$1+\cot^2\alpha=\csc^2\alpha.$$

如果已经知道了一个角的某个三角函数值,就可以根据同角的三角函数间的关系,求出这个角的其他三角函数的值.

**【例 1】** 已知 $\sin\alpha=\dfrac{12}{13}$,且 $\alpha$ 是第二象限角,求 $\cos\alpha$,$\tan\alpha$.

**解** 由 $\sin^2\alpha+\cos^2\alpha=1$,得
$$\cos^2\alpha=1-\sin^2\alpha=1-\left(\dfrac{12}{13}\right)^2=\dfrac{25}{169},$$
又因为 $\alpha$ 是第二象限角,所以 $\cos\alpha<0$,得
$$\cos\alpha=-\dfrac{5}{13},$$
从而
$$\tan\alpha=\dfrac{\sin\alpha}{\cos\alpha}=-\dfrac{12}{5}.$$

**【例 2】** 已知 $\cos\alpha=-\dfrac{3}{5}$,求 $\sin\alpha$,$\tan\alpha$.

**解** 由 $\sin^2\alpha+\cos^2\alpha=1$,得
$$\sin^2\alpha=1-\cos^2\alpha=\dfrac{16}{25},$$
又因为 $\cos\alpha=-\dfrac{3}{5}<0$,所以 $\alpha$ 是第二或第三象限角.

当 $\alpha$ 是第二象限角时,有 $\sin\alpha>0$,从而
$$\sin\alpha=\dfrac{4}{5},\quad \tan\alpha=\dfrac{\sin\alpha}{\cos\alpha}=-\dfrac{4}{3};$$
当 $\alpha$ 是第三象限角时,有 $\sin\alpha<0$,从而
$$\sin\alpha=-\dfrac{4}{5},\quad \tan\alpha=\dfrac{\sin\alpha}{\cos\alpha}=\dfrac{4}{3}.$$

**【例 3】** 已知 $\tan\alpha=\sqrt{2}$,求 $\sin\alpha$,$\cos\alpha$.

**解** 因为 $\tan\alpha=\dfrac{\sin\alpha}{\cos\alpha}=\sqrt{2}$,所以 $\sin\alpha=\sqrt{2}\cos\alpha$,由 $\sin^2\alpha+\cos^2\alpha=1$,得
$$(\sqrt{2}\cos\alpha)^2+\cos^2\alpha=1,$$
即
$$\cos^2\alpha=\dfrac{1}{3},$$
因为 $\tan\alpha=\sqrt{2}>0$,所以 $\alpha$ 为第一或第三象限角.

当 α 为第一象限角时，$\cos\alpha = \frac{\sqrt{3}}{3}, \sin\alpha = \frac{\sqrt{6}}{3}$；

当 α 为第三象限角时，$\cos\alpha = -\frac{\sqrt{3}}{3}, \sin\alpha = -\frac{\sqrt{6}}{3}$.

**练习**

1. 已知 $\sin\alpha = -\frac{3}{5}$，且 α 是第三象限角，求 $\cos\alpha, \tan\alpha$ 的值．

2. 已知 $\cos\alpha = \frac{12}{13}$，求 $\sin\alpha, \tan\alpha$ 的值．

3. 已知 $\tan\alpha = -\sqrt{3}$，求 $\sin\alpha, \cos\alpha$ 的值．

**习题 5.3**

1. 已知 $\sin\alpha = \frac{4}{5}$，且 α 是第二象限角，求 $\cos\alpha, \tan\alpha$ 的值．

2. 已知 $\cos\alpha = -\frac{5}{13}$，求 $\sin\alpha, \tan\alpha$ 的值．

3. 已知 $\tan\alpha = 2$，求 $\sin\alpha, \cos\alpha$ 的值．

4. 设 $\tan\alpha = \sqrt{2}$，求下列各式的值：

   (1) $\sin\alpha \cdot \cos\alpha$；　　(2) $\frac{\cos\alpha + \sin\alpha}{\cos\alpha - \sin\alpha}$．

5. 已知 $\sin\alpha = 2\cos\alpha$，求下列各式的值：

   (1) $\frac{\sin\alpha - 4\cos\alpha}{5\sin\alpha + 2\cos\alpha}$；　　(2) $\sin^2\alpha + 2\sin\alpha\cos\alpha$．

## §5.4 诱导公式

根据三角函数的定义可知，终边相同的角的同名三角函数值是相等的，即有

**诱导公式一**

$$\sin(\alpha+2k\pi)=\sin\alpha;$$
$$\cos(\alpha+2k\pi)=\cos\alpha;$$
$$\tan(\alpha+2k\pi)=\tan\alpha.$$

式中,$\alpha$ 为使等式有意义的任意角,$k\in\mathbf{Z}$.

利用诱导公式一,可以把求任意角的三角函数值,转化为求 $0\sim2\pi$(或 $0°\sim360°$)角的三角函数值.

【例 1】求下列三角函数值:

(1) $\sin405°$; (2) $\cos750°$; (3) $\tan\left(-\dfrac{23}{6}\pi\right)$.

**解** (1) $\sin405°=\sin(45°+360°)=\sin45°=\dfrac{\sqrt{2}}{2}$;

(2) $\cos750°=\cos(30°+720°)=\cos30°=\dfrac{\sqrt{3}}{2}$;

(3) $\tan\left(-\dfrac{23}{6}\pi\right)=\tan\left(\dfrac{\pi}{6}-2\times2\pi\right)=\tan\dfrac{\pi}{6}=\dfrac{\sqrt{3}}{3}$.

如图 5-13 所示:

(1) $-\alpha$ 的终边与角 $\alpha$ 的终边关于 $x$ 轴对称;

(2) $\pi+\alpha$ 的终边与角 $\alpha$ 的终边关于原点对称,$\pi-\alpha$ 的终边与角 $\alpha$ 的终边关于 $y$ 轴对称;

(3) $\dfrac{\pi}{2}-\alpha$ 的终边与角 $\alpha$ 的终边关于直线 $y=x$ 对称.

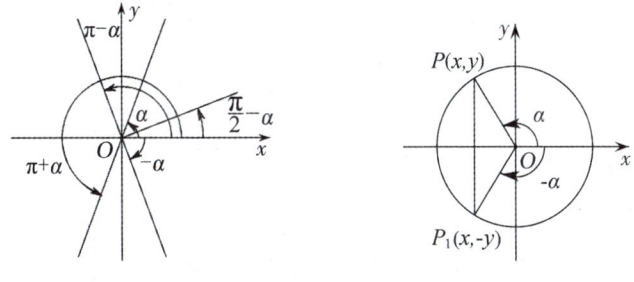

图 5-13   图 5-14

下面结合三角函数的定义,由上述对称关系来讨论这些角的三角函数之间的关系.

如图 5-14 所示,设任意角 $\alpha$ 的终边与单位圆的交点坐标为 $P(x,y)$,由于角 $-\alpha$ 的终边与角 $\alpha$ 的终边关于 $x$ 轴对称,角 $-\alpha$ 的终边与单位圆的交点 $P_1$

与点 $P$ 关于 $x$ 轴对称,因此,点 $P_1$ 的坐标是 $(x,-y)$,由三角函数定义得

$$\sin\alpha=y, \quad \cos\alpha=x, \quad \tan\alpha=\frac{y}{x};$$

$$\sin(-\alpha)=-y, \quad \cos(-\alpha)=x, \quad \tan(-\alpha)=-\frac{y}{x}.$$

**诱导公式二**

$$\sin(-\alpha)=-\sin\alpha;$$
$$\cos(-\alpha)=\cos\alpha;$$
$$\tan(-\alpha)=-\tan\alpha.$$

**诱导公式三**

$$\sin(\pi+\alpha)=-\sin\alpha;$$
$$\cos(\pi+\alpha)=-\cos\alpha;$$
$$\tan(\pi+\alpha)=\tan\alpha.$$

**诱导公式四**

$$\sin(\pi-\alpha)=\sin\alpha;$$
$$\cos(\pi-\alpha)=-\cos\alpha;$$
$$\tan(\pi-\alpha)=-\tan\alpha.$$

诱导公式一到诱导公式四,可以概括为

$\alpha+2k\pi\ (k\in\mathbf{Z}),-\alpha,\pi\pm\alpha$ **的三角函数值,等于 $\alpha$ 的同名三角函数值,前面加上一个把 $\alpha$ 看成锐角时原三角函数值的符号.**

【**例 2**】利用公式求下列三角函数值:

(1) $\sin\left(-\dfrac{\pi}{4}\right)$;  (2) $\cos\left(-\dfrac{7}{3}\pi\right)$;

(3) $\tan\left(-\dfrac{13}{6}\pi\right)$;  (4) $\sin(-330°)$.

**解** (1) $\sin\left(-\dfrac{\pi}{4}\right)=-\sin\dfrac{\pi}{4}=-\dfrac{\sqrt{2}}{2}$;

(2) $\cos\left(-\dfrac{7}{3}\pi\right)=\cos\dfrac{7}{3}\pi=\cos\left(\dfrac{\pi}{3}+2\pi\right)=\cos\dfrac{\pi}{3}=\dfrac{1}{2}$;

(3) $\tan\left(-\dfrac{13}{6}\pi\right)=-\tan\dfrac{13}{6}\pi=-\tan\left(\dfrac{\pi}{6}+2\pi\right)=-\tan\dfrac{\pi}{6}=-\dfrac{\sqrt{3}}{3}$;

(4) $\sin(-330°)=-\sin 330°=-\sin(-30°+360°)=-\sin(-30°)=\sin 30°=\dfrac{1}{2}$.

【例3】求下列三角函数值：

(1) $\sin 960°$；　(2) $\cos\left(-\dfrac{43}{6}\pi\right)$；　(3) $\tan(-210°)$.

**解**　(1) $\sin 960° = \sin(240° + 720°) = \sin 240° = \sin(180° + 60°)$
$$= -\sin 60° = -\dfrac{\sqrt{3}}{2};$$

(2) $\cos\left(-\dfrac{43}{6}\pi\right) = \cos\dfrac{43}{6}\pi = \cos\left(6\pi + \dfrac{7}{6}\pi\right) = \cos\dfrac{7}{6}\pi = \cos\left(\pi + \dfrac{1}{6}\pi\right)$
$$= -\cos\dfrac{\pi}{6} = -\dfrac{\sqrt{3}}{2};$$

(3) $\tan(-210°) = -\tan 210° = -\tan(180° + 30°) = -\tan 30° = -\dfrac{\sqrt{3}}{3}.$

【例4】求下列三角函数值：

(1) $\sin(-135°)$；　(2) $\cos(-855°)$；　(3) $\tan\left(-\dfrac{29}{6}\pi\right)$.

**解**　(1) $\sin(-135°) = -\sin 135° = -\sin(180° - 45°) = -\sin 45° = -\dfrac{\sqrt{2}}{2};$

(2) $\cos(-855°) = \cos 855° = \cos(135° + 720°) = \cos 135° = \cos(180° - 45°)$
$$= -\cos 45° = -\dfrac{\sqrt{2}}{2};$$

(3) $\tan\left(-\dfrac{29}{6}\pi\right) = -\tan\dfrac{29}{6}\pi = -\tan\left(\dfrac{5}{6}\pi + 4\pi\right) = -\tan\dfrac{5}{6}\pi$
$$= -\tan\left(\pi - \dfrac{\pi}{6}\right) = \tan\dfrac{\pi}{6} = \dfrac{\sqrt{3}}{3}.$$

利用诱导公式一～四将任意角的三角函数转化为锐角三角函数，一般可按下面的步骤进行：

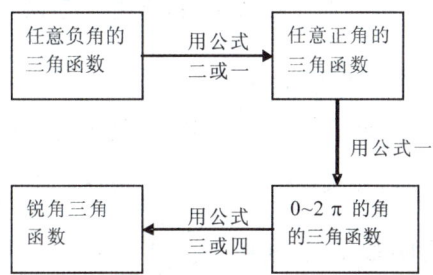

如图 5-15 所示，设任意角 $\alpha$ 的终边与单位圆的交点 $P$ 坐标为 $(x,y)$，由

于角 $\frac{\pi}{2}-\alpha$ 的终边与角 $\alpha$ 的终边关于直线 $y=x$ 对称,角 $\frac{\pi}{2}-\alpha$ 的终边与单位圆的交点 $P_1$ 与点 $P$ 关于 $y=x$ 对称,因此,点 $P_1$ 的坐标是 $(y,x)$,于是有

$$\sin\alpha=y, \cos\alpha=x, \sin\left(\frac{\pi}{2}-\alpha\right)=x, \cos\left(\frac{\pi}{2}-\alpha\right)=y.$$

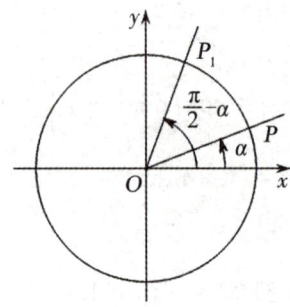

图 5-15

**诱导公式五**

$$\sin\left(\frac{\pi}{2}-\alpha\right)=\cos\alpha;$$

$$\cos\left(\frac{\pi}{2}-\alpha\right)=\sin\alpha.$$

由于 $\frac{\pi}{2}+\alpha=\pi-\left(\frac{\pi}{2}-\alpha\right)$,可得

**诱导公式六**

$$\sin\left(\frac{\pi}{2}+\alpha\right)=\cos\alpha;$$

$$\cos\left(\frac{\pi}{2}+\alpha\right)=-\sin\alpha.$$

诱导公式五和诱导公式六可以概括为

$\frac{\pi}{2}\pm\alpha$ 的正弦(余弦)函数值,等于 $\alpha$ 的余弦(正弦)函数值,前面加上一个把 $\alpha$ 看成锐角时原三角函数值的符号.

利用诱导公式五或诱导公式六,可以实现正弦函数与余弦函数的相互转化.

**【例 5】** 把下列三角函数值化为 $0\sim\frac{\pi}{4}$($0°\sim45°$)间角的三角函数值.

(1) $\sin\left(-\frac{5}{3}\pi\right)$;  (2) $\cos245°$.

**解** (1) $\sin\left(-\dfrac{5}{3}\pi\right)=\sin\left(-2\pi+\dfrac{\pi}{3}\right)=\sin\dfrac{\pi}{3}=\sin\left(\dfrac{\pi}{2}-\dfrac{\pi}{6}\right)=\cos\dfrac{\pi}{6}$;

(2) $\cos 245°=\cos(180°+65°)=-\cos 65°=-\cos(90°-25°)=-\sin 25°$.

 练习

1. 求下列三角函数值：

   (1) $\cos\dfrac{9}{4}\pi$;  (2) $\sin\dfrac{13}{6}\pi$;  (3) $\tan\dfrac{33}{4}\pi$;

   (4) $\cos\dfrac{19}{3}\pi$;  (5) $\sin\dfrac{49}{6}\pi$;  (6) $\tan\dfrac{13}{3}\pi$.

2. 求下列三角函数值：

   (1) $\cos(-420°)$;  (2) $\sin\left(-\dfrac{25}{6}\pi\right)$;

   (3) $\sin(-1140°)$;  (4) $\tan\left(-\dfrac{79}{6}\pi\right)$.

3. 将下列三角函数转化为锐角三角函数，并填在题中横线上.

   (1) $\sin\dfrac{10}{9}\pi=$ _____;  (2) $\cos(1+\pi)=$ _____;

   (3) $\cos\left(-\dfrac{6\pi}{5}\right)=$ _____;  (4) $\sin(-190°)=$ _____.

4. 将下列三角函数转化为锐角三角函数，并填在题中横线上.

   (1) $\tan\dfrac{3}{5}\pi=$ _____;  (2) $\cos 100°=$ _____;

   (3) $\sin\dfrac{31\pi}{36}=$ _____;  (4) $\tan 124°=$ _____.

5. 填表：

| $\alpha$ | $-\dfrac{4\pi}{3}$ | $-\dfrac{5\pi}{4}$ | $-\dfrac{5\pi}{3}$ | $-\dfrac{7\pi}{4}$ | $-\dfrac{8\pi}{3}$ | $-\dfrac{11\pi}{4}$ |
|---|---|---|---|---|---|---|
| $\sin\alpha$ |  |  |  |  |  |  |
| $\cos\alpha$ |  |  |  |  |  |  |
| $\tan\alpha$ |  |  |  |  |  |  |

6. 化简：

   (1) $\cos(\alpha+180°)\cdot\sin(-\alpha)\cdot\cos(-\alpha-180°)$;

   (2) $\sin^3(-\alpha)\cdot\cos(2\pi+\alpha)\cdot\tan(-\alpha-\pi)$.

7. 用诱导公式求下列三角函数值：

(1) $\cos\dfrac{65}{6}\pi$；　　(2) $\sin\left(-\dfrac{31}{4}\pi\right)$；　　(3) $\tan\left(-\dfrac{26}{3}\pi\right)$；

(4) $\sin\left(-\dfrac{17}{3}\pi\right)$；　　(5) $\cos\dfrac{19}{3}\pi$；　　(6) $\tan\left(-\dfrac{11}{3}\pi\right)$．

## 习题 5.4

1. 求下列三角函数值：

(1) $\sin\dfrac{13}{2}\pi$；　　(2) $\cos\dfrac{19}{3}\pi$；　　(3) $\tan 405°$；

(4) $\sin\dfrac{25}{6}\pi$；　　(5) $\cos\dfrac{103}{4}\pi$；　　(6) $\tan\dfrac{37}{6}\pi$．

2. 求下列三角函数值：

(1) $\sin\left(-\dfrac{11}{6}\pi\right)$；　　(2) $\cos\left(-\dfrac{17}{3}\pi\right)$；　　(3) $\tan\left(-\dfrac{23}{6}\pi\right)$；

(4) $\tan\left(-\dfrac{31}{4}\pi\right)$；　　(5) $\sin\left(-\dfrac{55}{6}\pi\right)$；　　(6) $\cos\dfrac{11}{4}\pi$；

(7) $\tan\left(-\dfrac{14}{3}\pi\right)$；　　(8) $\sin(-1920°)$；　　(9) $\cos(-1560°)$；

(10) $\tan\left(-\dfrac{17}{6}\pi\right)$．

3. 求下列各式的值：

(1) $\sin 420°\cdot\cos 390°+\cos(-360°)\cdot\sin(-330°)$；

(2) $\sin^2(-990°)+\tan^2(-300°)$；

(3) $3\cos 240°-2\tan 240°$；

(4) $3\cos 1020°+\sin 630°$．

4. 化简下列各式：

(1) $1+\sin(\alpha-2\pi)\cdot\sin(\pi+\alpha)-2\cos^2(-\alpha)$；

(2) $\dfrac{\sin(2\pi-\alpha)\cdot\tan(\pi+\alpha)\cdot\tan(-\pi-\alpha)}{\cos(\pi-\alpha)\cdot\tan(3\pi-\alpha)}$．

5. 已知 $\sin(\pi+\alpha)=-\dfrac{1}{2}$，计算：

(1) $\sin(5\pi-\alpha)$；　　(2) $\sin\left(\dfrac{\pi}{2}+\alpha\right)$；

(3) $\cos\left(\alpha - \dfrac{3}{2}\pi\right)$; (4) $\tan\left(\dfrac{\pi}{2} - \alpha\right)$.

## §5.5 加法公式

### 1. 两角和与差的正弦、余弦与正切

设 $\alpha = \dfrac{\pi}{3}, \beta = \dfrac{\pi}{6}$,则

$$\sin(\alpha+\beta) = \sin\left(\dfrac{\pi}{3}+\dfrac{\pi}{6}\right) = \sin\dfrac{\pi}{2} = 1,$$

而

$$\sin\dfrac{\pi}{3} + \sin\dfrac{\pi}{6} = \dfrac{1+\sqrt{3}}{2},$$

显然

$$\sin\left(\dfrac{\pi}{3}+\dfrac{\pi}{6}\right) \neq \sin\dfrac{\pi}{3} + \sin\dfrac{\pi}{6}.$$

一般地,$\sin(\alpha+\beta) \neq \sin\alpha + \sin\beta$.

实际上,$\alpha \pm \beta$ 的正弦、余弦、正切与角 $\alpha, \beta$ 的正弦、余弦、正切有如下关系:

$$\sin(\alpha \pm \beta) = \sin\alpha\cos\beta \pm \cos\alpha\sin\beta;$$
$$\cos(\alpha \pm \beta) = \cos\alpha\cos\beta \mp \sin\alpha\sin\beta;$$
$$\tan(\alpha \pm \beta) = \dfrac{\tan\alpha \pm \tan\beta}{1 \mp \tan\alpha\tan\beta} \quad \left(\alpha, \beta, \alpha \pm \beta \neq k\pi + \dfrac{\pi}{2}, k \in \mathbf{Z}\right).$$

我们称上面的公式为三角函数的**加法公式**.

【**例 1**】不查表,求 $75°$ 角的正弦、余弦、正切的值.

**解** $\sin 75° = \sin(45° + 30°) = \sin 45° \cos 30° + \cos 45° \sin 30°$

$$= \dfrac{\sqrt{2}}{2} \cdot \dfrac{\sqrt{3}}{2} + \dfrac{\sqrt{2}}{2} \cdot \dfrac{1}{2} = \dfrac{\sqrt{6}+\sqrt{2}}{4};$$

$\cos 75° = \cos(45° + 30°) = \cos 45° \cos 30° - \sin 45° \sin 30°$

$$= \dfrac{\sqrt{2}}{2} \cdot \dfrac{\sqrt{3}}{2} - \dfrac{\sqrt{2}}{2} \cdot \dfrac{1}{2} = \dfrac{\sqrt{6}-\sqrt{2}}{4};$$

$$\tan 75° = \tan(45° + 30°) = \dfrac{\tan 45° + \tan 30°}{1 - \tan 45° \cdot \tan 30°} = \dfrac{1 + \dfrac{\sqrt{3}}{3}}{1 - \dfrac{\sqrt{3}}{3}} = \dfrac{3+\sqrt{3}}{3-\sqrt{3}} = 2+\sqrt{3}.$$

**【例2】** 不查表，求下列各式的值：

(1) $\sin 13°\cos 17° + \cos 13°\sin 17°$；

(2) $\cos 30°\cos 45° - \sin 30°\sin 45°$；

(3) $\dfrac{1+\tan 75°}{1-\tan 75°}$.

**解** (1) $\sin 13°\cos 17° + \cos 13°\sin 17° = \sin(13°+17°) = \sin 30° = \dfrac{1}{2}$；

(2) $\cos 30°\cos 45° - \sin 30°\sin 45° = \cos(30°+45°) = \cos 75° = \dfrac{\sqrt{6}-\sqrt{2}}{4}$；

(3) $\dfrac{1+\tan 75°}{1-\tan 75°} = \dfrac{\tan 45° + \tan 75°}{1-\tan 45° \cdot \tan 75°} = \tan(45°+75°) = -\sqrt{3}$.

**【例3】** 已知 $\sin\alpha = \dfrac{3}{4}, \cos\beta = -\dfrac{1}{3}$，且 $\alpha \in \left(\dfrac{\pi}{2}, \pi\right), \beta \in \left(\pi, \dfrac{3}{2}\pi\right)$，求 $\sin(\alpha-\beta)$ 的值.

**解** 由 $\sin\alpha = \dfrac{3}{4}, \alpha \in \left(\dfrac{\pi}{2}, \pi\right)$ 得

$$\cos\alpha = -\sqrt{1-\sin^2\alpha} = -\dfrac{\sqrt{7}}{4},$$

由 $\cos\beta = -\dfrac{1}{3}, \beta \in \left(\pi, \dfrac{3}{2}\pi\right)$ 得

$$\sin\beta = -\sqrt{1-\cos^2\beta} = -\dfrac{2\sqrt{2}}{3},$$

于是

$$\begin{aligned}\sin(\alpha-\beta) &= \sin\alpha\cos\beta - \cos\alpha\sin\beta \\ &= \dfrac{3}{4} \times \left(-\dfrac{1}{3}\right) - \left(-\dfrac{\sqrt{7}}{4}\right) \times \left(-\dfrac{2\sqrt{2}}{3}\right) \\ &= -\dfrac{1}{4} - \dfrac{\sqrt{14}}{6}.\end{aligned}$$

**练习**

1. 利用加法公式求下列各式的值：

   (1) $\sin 195°$； (2) $\cos 105°$； (3) $\tan 15°$.

2. 利用加法公式计算下列各式的值：

   (1) $\sin 27°\cos 147° - \cos 27°\sin 147°$；

(2) $\cos 10°\cos 50° - \sin 10°\sin 50°$;

(3) $\sin 23°\cos 37° + \cos 23°\sin 37°$;

(4) $\cos 70°\cos 10° + \sin 70°\sin 10°$;

(5) $\dfrac{1-\tan 15°}{1+\tan 15°}$.

3. 已知 $\sin\alpha = \dfrac{15}{17}, \cos\beta = -\dfrac{5}{13}$，且 $\alpha \in \left(\dfrac{\pi}{2}, \pi\right), \beta \in \left(\pi, \dfrac{3}{2}\pi\right)$，求 $\sin(\alpha-\beta)$ 和 $\cos(\alpha+\beta)$ 的值.

## 2. 二倍角的正弦、余弦与正切

在两角和的正弦、余弦、正切公式中，当 $\alpha = \beta$ 时，得

$$\sin 2\alpha = 2\sin\alpha\cos\alpha,$$

$$\cos 2\alpha = \begin{cases} \cos^2\alpha - \sin^2\alpha, \\ 2\cos^2\alpha - 1, \\ 1 - 2\sin^2\alpha, \end{cases}$$

$$\tan 2\alpha = \dfrac{2\tan\alpha}{1-\tan^2\alpha} \quad \left(\alpha, 2\alpha \neq k\pi + \dfrac{\pi}{2}, \text{且 } \alpha \neq k\pi + \dfrac{\pi}{4}, k \in \mathbf{Z}\right).$$

上面这些公式叫作**二倍角公式**.

【**例4**】不查表，求下列各式的值：

(1) $\sin\dfrac{\pi}{12}\cos\dfrac{\pi}{12}$;　　(2) $\cos^2\dfrac{\pi}{8} - \sin^2\dfrac{\pi}{8}$;

(3) $2\cos^2\dfrac{5}{12}\pi - 1$;　　(4) $\dfrac{2\tan 22°30'}{1-\tan^2 22°30'}$.

**解**　(1) $\sin\dfrac{\pi}{12}\cos\dfrac{\pi}{12} = \dfrac{1}{2} \times 2\sin\dfrac{\pi}{12}\cos\dfrac{\pi}{12} = \dfrac{1}{2}\sin\dfrac{\pi}{6} = \dfrac{1}{4}$;

(2) $\cos^2\dfrac{\pi}{8} - \sin^2\dfrac{\pi}{8} = \cos\left(2 \times \dfrac{\pi}{8}\right) = \cos\dfrac{\pi}{4} = \dfrac{\sqrt{2}}{2}$;

(3) $2\cos^2\dfrac{5}{12}\pi - 1 = \cos\left(2 \times \dfrac{5}{12}\pi\right) = \cos\dfrac{5}{6}\pi = \cos\left(\pi - \dfrac{\pi}{6}\right) = -\cos\dfrac{\pi}{6}$

$$= -\dfrac{\sqrt{3}}{2};$$

(4) $\dfrac{2\tan 22°30'}{1-\tan^2 22°30'} = \tan(2 \times 22°30') = \tan 45° = 1$.

【**例5**】已知 $\sin\alpha = \dfrac{5}{13}, \alpha \in \left(\dfrac{\pi}{2}, \pi\right)$，求 $\sin 2\alpha, \cos 2\alpha, \tan 2\alpha$ 的值.

**解** 因为 $\sin\alpha=\dfrac{5}{13}, \alpha\in\left(\dfrac{\pi}{2},\pi\right)$，所以

$$\cos\alpha=-\sqrt{1-\sin^2\alpha}=-\sqrt{1-\left(\dfrac{5}{13}\right)^2}=-\dfrac{12}{13},$$

$$\sin2\alpha=2\sin\alpha\cos\alpha=2\times\dfrac{5}{13}\times\left(-\dfrac{12}{13}\right)=-\dfrac{120}{169},$$

$$\cos2\alpha=1-2\sin^2\alpha=1-2\times\left(\dfrac{5}{13}\right)^2=\dfrac{119}{169},$$

$$\tan2\alpha=\dfrac{\sin2\alpha}{\cos2\alpha}=\dfrac{-\dfrac{120}{169}}{\dfrac{119}{169}}=-1\dfrac{1}{119}.$$

**练习**

1. 在下列括号内，填入适当的角 $\alpha$：

   (1) $\sin\alpha=2\sin(\quad)\cos(\quad)$；  (2) $2\sin\dfrac{3}{2}\alpha\cos\dfrac{3}{2}\alpha=\sin(\quad)$；

   (3) $\cos\alpha=\cos^2(\quad)-\sin^2(\quad)=2\cos^2(\quad)-1=1-2\sin^2(\quad)$；

   (4) $\cos^2 3\alpha=\dfrac{1+\cos(\quad)}{2}$；  (5) $\sin^2\dfrac{\alpha}{4}=\dfrac{1-\cos(\quad)}{2}$；

   (6) $\dfrac{2\tan4\alpha}{1-\tan^2 4\alpha}=\tan(\quad)$；  (7) $\tan\dfrac{3\alpha}{4}=\dfrac{2\tan(\quad)}{1-\tan^2(\quad)}$.

2. 求下列各式的值：

   (1) $\sin67°30'\cos67°30'$；  (2) $2\cos^2 75°-1$；

   (3) $1-2\sin^2\dfrac{5}{8}\pi$；  (4) $\cos^2\dfrac{\pi}{12}-\sin^2\dfrac{\pi}{12}$；

   (5) $\dfrac{2\tan\dfrac{3}{8}\pi}{1-\tan^2\dfrac{3}{8}\pi}$.

3. 已知 $\cos\alpha=-\dfrac{3}{5}, \alpha\in\left(\dfrac{\pi}{2},\pi\right)$，求 $\sin2\alpha, \cos2\alpha, \tan2\alpha$ 的值.

## 习题 5.5

1. 不查表,求下列各式的值:

   (1) $\cos(-15°)$;　　(2) $\sin\left(-\dfrac{5}{12}\pi\right)$;

   (3) $\tan 165°$;　　(4) $\sin 105°$.

2. 不查表,求下列各式的值:

   (1) $\sin 69°\cos 24°-\cos 69°\sin 24°$;　　(2) $\cos 103°\cos 47°-\sin 103°\sin 47°$;

   (3) $\sin^2 15°-\cos^2 15°$;　　(4) $2\sin\dfrac{5}{12}\pi\cos\dfrac{5}{12}\pi$;

   (5) $\dfrac{1+\tan 15°}{1-\tan 15°}$.

3. 计算下列各题:

   (1) 已知 $\cos\alpha=-\dfrac{5}{13}$, $\alpha\in\left(\pi,\dfrac{3}{2}\pi\right)$, 求 $\sin\left(\alpha+\dfrac{\pi}{6}\right)$, $\cos\left(\alpha+\dfrac{\pi}{6}\right)$, $\tan\left(\alpha+\dfrac{\pi}{6}\right)$ 的值.

   (2) 已知 $\sin\theta=-\dfrac{3}{5}$ 且 $-\dfrac{\pi}{2}<\theta<0$, $\cos\varphi=-\dfrac{1}{3}$ 且 $\dfrac{\pi}{2}<\varphi<\pi$, 求 $\sin(\theta-\varphi)$, $\cos(\theta-\varphi)$, $\tan(\theta-\varphi)$ 的值.

   (3) 已知 $\tan\alpha=-3$, 求 $\tan\left(\dfrac{\pi}{4}+\alpha\right)$ 的值.

   (4) 已知 $\cos\alpha=-\dfrac{\sqrt{6}}{3}$, $\alpha\in\left(\pi,\dfrac{3}{2}\pi\right)$, 求 $\sin 2\alpha$, $\cos 2\alpha$, $\tan 2\alpha$ 的值.

4. 不查表,求下列各式的值:

   (1) $\left(\sin\dfrac{5}{12}\pi+\cos\dfrac{5}{12}\pi\right)\left(\sin\dfrac{5}{12}\pi-\cos\dfrac{5}{12}\pi\right)$;

   (2) $1+2\cos^2\theta-\cos 2\theta$;

   (3) $\cos^4\dfrac{\pi}{12}-\sin^4\dfrac{\pi}{12}$;

   (4) $\cos 20°\cos 40°\cos 80°$.

5. 化简:

   (1) $\sin(x-y)\cos x+\cos(x-y)\sin x$;

(2) $\cos(x+y)\cos y + \sin(x+y)\sin y$;

(3) $\cos(19°+\alpha)\cos(41°-\alpha) - \sin(19°+\alpha)\sin(41°-\alpha)$;

(4) $\sin\left(\dfrac{\pi}{3}+x\right) + \sin\left(\dfrac{\pi}{3}-x\right)$.

## §5.6 三角函数的图象与性质

### 1. 三角函数的周期性

**正弦函数与余弦函数的周期性**

我们知道,终边相同的角的同名三角函数值相等,即
$$\sin(2\pi+\alpha) = \sin(4\pi+\alpha) = \cdots = \sin(-2\pi+\alpha) = \cdots = \sin\alpha;$$
$$\cos(2\pi+\alpha) = \cos(4\pi+\alpha) = \cdots = \cos(-2\pi+\alpha) = \cdots = \cos\alpha.$$

上式表明,正弦、余弦的函数值是按照一定规律不断地重复出现的.这正是正弦、余弦函数的一个重要性质,称为周期性.

一般地,对于函数 $y=f(x)$,如果存在一个常数 $T\neq 0$,当 $x$ 取定义域内的每一个值时,都有 $f(x+T)=f(x)$ 成立,那么函数 $y=f(x)$ 叫作**周期函数**,不等于零的常数 $T$ 叫作这个函数的**周期**.例如,正弦函数、余弦函数都是周期函数,$\pm 2\pi, \pm 4\pi, \cdots$ 都是它们的周期.

周期函数的周期可以不止一个,如果所有周期中存在一个最小的正数,就把这个最小正数叫作**最小正周期**.正弦函数、余弦函数的最小正周期都是 $2\pi$.通常所说三角函数的周期是指最小正周期.因此,正弦函数、余弦函数的周期都是 $2\pi$.

一般地,函数 $y=A\sin(\omega x+\varphi)$ 的周期为 $T=\dfrac{2\pi}{|\omega|}$,函数 $y=A\cos(\omega x+\varphi)$ 的周期为 $T=\dfrac{2\pi}{|\omega|}$.

【例 1】求下列函数的周期:

(1) $y=\dfrac{1}{2}\sin\left(\dfrac{1}{3}x+\dfrac{\pi}{6}\right)$;　　(2) $y=\dfrac{1}{3}\cos\left(\dfrac{1}{2}x+\dfrac{\pi}{4}\right)$.

**解** (1) $y=\dfrac{1}{2}\sin\left(\dfrac{1}{3}x+\dfrac{\pi}{6}\right)$ 的周期为 $T=\dfrac{2\pi}{\dfrac{1}{3}}=6\pi$;

(2) $y=\frac{1}{3}\cos\left(\frac{1}{2}x+\frac{\pi}{4}\right)$ 的周期为 $T=\frac{2\pi}{\frac{1}{2}}=4\pi$.

#### 正切函数和余切函数的周期性

由终边相同的角的同名三角函数值相等这一性质和诱导公式可知,对于正切、余切函数定义域内的任意角 $\alpha$ 都有

$\tan(\alpha+\pi)=\tan(\alpha+2\pi)=\cdots=\tan(\alpha-\pi)=\cdots=\tan\alpha$;

$\cot(\alpha+\pi)=\cot(\alpha+2\pi)=\cdots=\cot(\alpha-\pi)=\cdots=\cot\alpha$.

因此,正切函数、余切函数是周期函数,且它们的周期都是 $\pi$.

一般地,函数 $y=A\tan(\omega x+\varphi)$ 和函数 $y=A\cot(\omega x+\varphi)$ 的周期是 $T=\frac{\pi}{|\omega|}$.

【例 2】求函数 $y=-\tan\frac{x}{2}$ 的周期.

**解** $y=-\tan\frac{x}{2}$ 的周期为 $T=\frac{\pi}{\frac{1}{2}}=2\pi$.

练习

1. 求下列函数的周期:

(1) $y=2\sin\left(4x+\frac{\pi}{6}\right)$;  (2) $y=5\cos\left(\frac{1}{3}x-\frac{\pi}{4}\right)$;

(3) $y=\sqrt{3}\tan\left(\frac{3}{2}x+\frac{\pi}{3}\right)$;  (4) $y=3\cot\left(2x+\frac{\pi}{4}\right)$.

## 2. 正弦、余弦函数的图象与性质

#### 正弦、余弦函数的图象

函数图象能把函数性质形象地表达出来,为研究正弦函数和余弦函数的性质,下面作函数 $y=\sin x$ 和 $y=\cos x$ 的图象. 由于 $y=\sin x$ 和 $y=\cos x$ 的周期是 $2\pi$,所以先作它们在 $[0,2\pi]$ 上的图象,将它们的函数值列成表 5-3.

表 5-3　正弦、余弦函数的函数对应值

| $x$ | 0 | $\frac{\pi}{6}$ | $\frac{\pi}{3}$ | $\frac{\pi}{2}$ | $\frac{2\pi}{3}$ | $\frac{5\pi}{6}$ | $\pi$ | $\frac{7\pi}{6}$ | $\frac{4\pi}{3}$ | $\frac{3\pi}{2}$ | $\frac{5\pi}{3}$ | $\frac{11\pi}{6}$ | $2\pi$ |
|---|---|---|---|---|---|---|---|---|---|---|---|---|---|
| $y=\sin x$ | 0 | 0.5 | 0.87 | 1 | 0.87 | 0.5 | 0 | $-0.5$ | $-0.87$ | $-1$ | $-0.87$ | $-0.5$ | 0 |
| $y=\cos x$ | 1 | 0.87 | 0.5 | 0 | $-0.5$ | $-0.87$ | $-1$ | $-0.87$ | $-0.5$ | 0 | 0.5 | 0.87 | 1 |

将上表中 $x,y$ 的每一对值作为点的坐标,在直角坐标系中标出对应的点,把它们依次联结成光滑的曲线,这两条曲线就是 $y=\sin x$ 和 $y=\cos x$ 在区间 $[0,2\pi]$ 上的图象,如图 5-16 和图 5-17 所示.

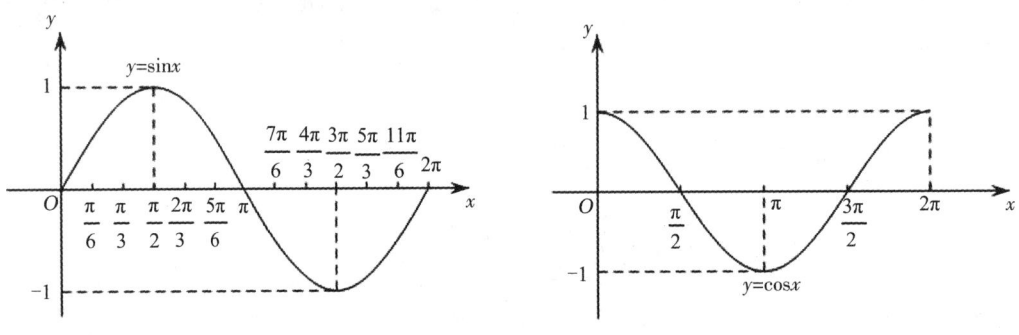

图 5-16　　　　　　　　　图 5-17

根据正弦函数、余弦函数的周期性,可得它们在定义域内的图象,如图 5-18 所示.

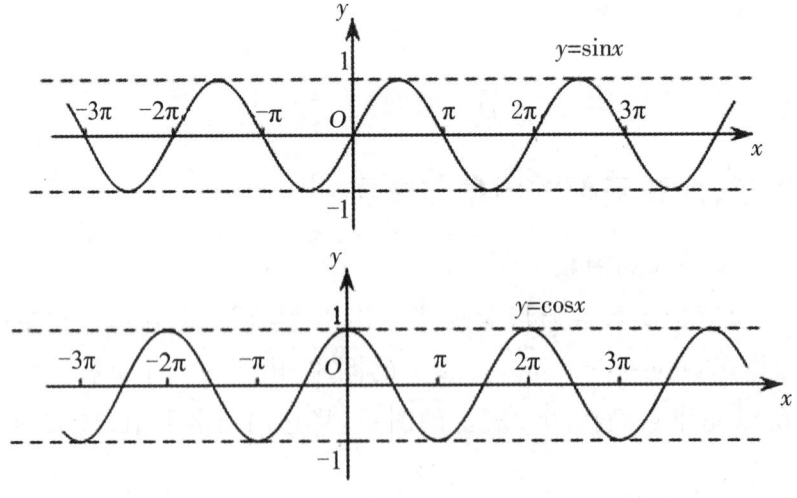

图 5-18

观察图 5-16,在函数 $y=\sin x, x\in[0,2\pi]$ 的图象上,起关键作用的点有以下五个:$(0,0)$,$\left(\dfrac{\pi}{2},1\right)$,$(\pi,0)$,$\left(\dfrac{3\pi}{2},-1\right)$,$(2\pi,0)$.作出这五个点后,再用光滑的曲线将它们联结起来,就得到函数 $y=\sin x$ 在 $[0,2\pi]$ 上的简图.这种作图的方法通常叫作"五点作图法".

**【例 3】** 画出下列函数的简图:

(1) $y=1+\sin x$,$x\in[0,2\pi]$; (2) $y=-\cos x$,$x\in[0,2\pi]$.

**解** (1) 按五个关键点列表,如表 5-4 所示.

表 5-4 正弦函数的五个关键点

| $x$ | 0 | $\dfrac{\pi}{2}$ | $\pi$ | $\dfrac{3}{2}\pi$ | $2\pi$ |
| --- | --- | --- | --- | --- | --- |
| $\sin x$ | 0 | 1 | 0 | $-1$ | 0 |
| $1+\sin x$ | 1 | 2 | 1 | 0 | 1 |

描点并将它们用光滑的曲线联结起来,如图 5-19 所示.

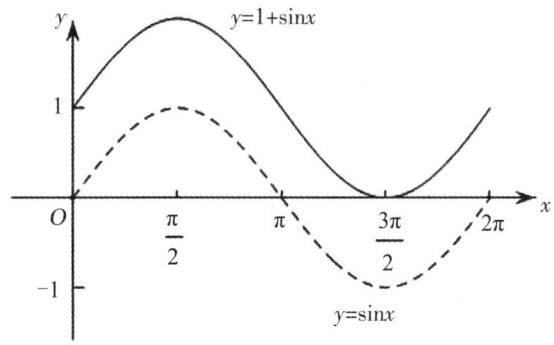

**图 5-19**

(2) 按五个关键点列表,如表 5-5 所示.

表 5-5 余弦函数的五个关键点

| $x$ | 0 | $\dfrac{\pi}{2}$ | $\pi$ | $\dfrac{3}{2}\pi$ | $2\pi$ |
| --- | --- | --- | --- | --- | --- |
| $\cos x$ | 1 | 0 | $-1$ | 0 | 1 |
| $-\cos x$ | $-1$ | 0 | 1 | 0 | $-1$ |

描点并将它们用光滑的曲线联结起来,如图 5-20 所示.

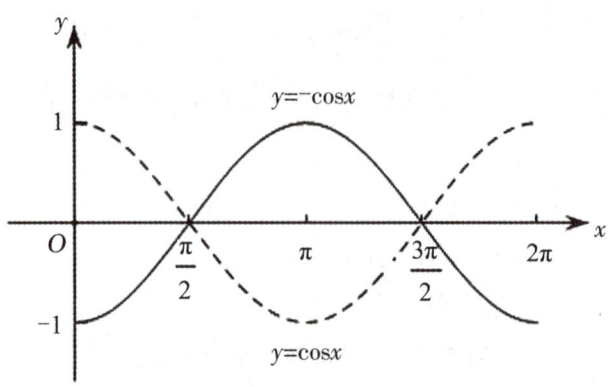

图 5-20

### 正弦、余弦函数的性质

由正弦函数和余弦函数的图象可知,正弦函数和余弦函数除具有周期外,还有以下性质:

(1) 定义域、值域:正弦函数、余弦函数的定义域是全体实数,即 $x \in \mathbf{R}$,而值域是 $[-1,1]$,两个函数的最大值都是 1,最小值都是 $-1$.

(2) 奇偶性:因为 $\sin(-x) = -\sin x$,$\cos(-x) = \cos x$,所以正弦函数是奇函数,图象关于原点对称;余弦函数是偶函数,图象关于 $y$ 轴对称.

(3) 单调性:

由正弦曲线(见图 5-18)可以看出,正弦函数 $y = \sin x$ 在每一个闭区间 $\left[-\dfrac{\pi}{2}+2k\pi, \dfrac{\pi}{2}+2k\pi\right]$ $(k \in \mathbf{Z})$ 上都是增函数,其值从 $-1$ 增大到 1;在每一个闭区间 $\left[\dfrac{\pi}{2}+2k\pi, \dfrac{3}{2}\pi+2k\pi\right]$ $(k \in \mathbf{Z})$ 上都是减函数,其值从 1 减小到 $-1$.

由余弦函数图象可知,余弦函数在每一个闭区间 $[(2k-1)\pi, 2k\pi]$ $(k \in \mathbf{Z})$ 上都是增函数,其值从 $-1$ 增大到 1;在每一个闭区间 $[2k\pi, (2k+1)\pi]$ $(k \in \mathbf{Z})$ 上都是减函数,其值从 1 减小到 $-1$.

【例 4】 利用三角函数的单调性,比较下列各组函数值的大小:

(1) $\sin\left(-\dfrac{\pi}{18}\right)$ 与 $\sin\left(-\dfrac{\pi}{10}\right)$; (2) $\cos\left(-\dfrac{23}{5}\pi\right)$ 与 $\cos\left(-\dfrac{17}{4}\pi\right)$.

解 (1) 因为 $-\dfrac{\pi}{2} < -\dfrac{\pi}{10} < -\dfrac{\pi}{18} < 0$,正弦函数 $y = \sin x$ 在区间 $\left[-\dfrac{\pi}{2}, 0\right]$ 上是增函数,所以 $\sin\left(-\dfrac{\pi}{18}\right) > \sin\left(-\dfrac{\pi}{10}\right)$.

(2) $\cos\left(-\dfrac{23}{5}\pi\right)=\cos\dfrac{23}{5}\pi=\cos\dfrac{3}{5}\pi$，$\cos\left(-\dfrac{17}{4}\pi\right)=\cos\dfrac{17}{4}\pi=\cos\dfrac{\pi}{4}$，因为 $0<\dfrac{\pi}{4}<\dfrac{3}{5}\pi<\pi$，且 $y=\cos x$ 在区间 $[0,\pi]$ 上是减函数，所以 $\cos\dfrac{\pi}{4}>\cos\dfrac{3}{5}\pi$，即

$$\cos\left(-\dfrac{23}{5}\pi\right)<\cos\left(-\dfrac{17}{4}\pi\right).$$

 练习

1. 用"五点作图法"作出下列函数在 $[0,2\pi]$ 上的简图：

(1) $y=\dfrac{1}{2}\sin x-1$； (2) $y=1+\cos x$.

2. 观察正弦曲线和余弦曲线，写出满足下列条件的区间：

(1) $\sin x>0$； (2) $\sin x<0$； (3) $\cos x>0$； (4) $\cos x<0$.

3. 下列关于函数 $y=4\sin x$，$x\in[-\pi,\pi]$ 的单调性的叙述，正确的是（　　）.

A. 在 $[-\pi,0]$ 上是增函数，在 $[0,\pi]$ 上是减函数

B. 在 $\left[-\dfrac{\pi}{2},\dfrac{\pi}{2}\right]$ 上是增函数，在 $\left[-\pi,-\dfrac{\pi}{2}\right]$ 及 $\left[\dfrac{\pi}{2},\pi\right]$ 上是减函数

C. 在 $[0,\pi]$ 上是增函数，在 $[-\pi,0]$ 上是减函数

D. 在 $\left[\dfrac{\pi}{2},\pi\right]$ 及 $\left[-\pi,-\dfrac{\pi}{2}\right]$ 上是增函数，在 $\left[-\dfrac{\pi}{2},\dfrac{\pi}{2}\right]$ 上是减函数

4. 利用三角函数的单调性，比较下列各组中两个三角函数值的大小：

(1) $\sin 250°$ 与 $\sin 260°$； (2) $\cos\dfrac{15}{8}\pi$ 与 $\cos\dfrac{14}{9}\pi$；

(3) $\cos 515°$ 与 $\cos 530°$； (4) $\sin\left(-\dfrac{54}{7}\pi\right)$ 与 $\sin\left(-\dfrac{63}{8}\pi\right)$.

## 3. 正切函数的图象与性质

正切函数 $y=\tan x$ 的定义域是 $x\in \mathbf{R}$ 且 $x\neq\dfrac{\pi}{2}+k\pi$，$k\in\mathbf{Z}$. 正切函数 $y=\tan x$ 是周期函数，周期为 $\pi$.

作出 $y=\tan x$ 在 $\left(-\dfrac{\pi}{2},\dfrac{\pi}{2}\right)$ 上的图象，如图 5-21 所示.

根据正切函数的周期性，把图象沿 $x$ 轴向左右扩展，得出 $y=\tan x$ 在整个

定义域内的图象,如图 5-22 所示.

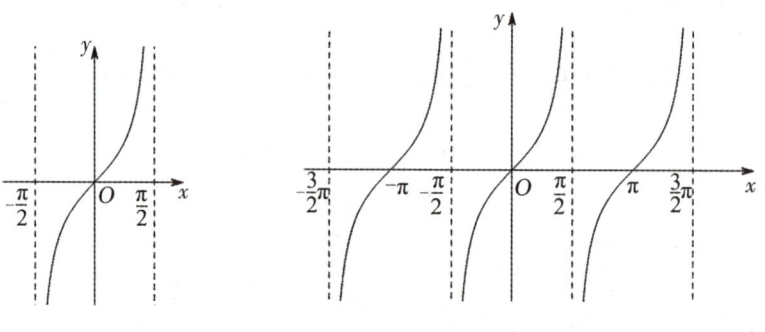

图 5-21　　　　　图 5-22

从图象可以直观地看出,正切函数 $y=\tan x$ 的值域为 $(-\infty,+\infty)$. 此外,$y=\tan x$ 还具有如下性质：

(1) 奇偶性：因为 $\tan(-x)=-\tan x$,所以正切函数是奇函数,它的图象关于原点对称.

(2) 单调性：从图 5-22 可以看出,正切函数在每一个开区间 $\left(k\pi-\dfrac{\pi}{2},k\pi+\dfrac{\pi}{2}\right)(k\in \mathbf{Z})$ 上都是增函数,但在整个定义域内并不是增函数.

【例 5】求函数 $y=\tan\left(x+\dfrac{\pi}{3}\right)$ 的定义域.

**解**　由 $y=\tan x$ 的定义域可知,$y=\tan\left(x+\dfrac{\pi}{3}\right)$ 的定义域是 $x+\dfrac{\pi}{3}\neq k\pi+\dfrac{\pi}{2}$,$k\in \mathbf{Z}$. $\Rightarrow x\neq k\pi+\dfrac{\pi}{6}$,$k\in \mathbf{Z}$. 所以 $y=\tan\left(x+\dfrac{\pi}{3}\right)$ 的定义域为 $\left\{x\,|\,x\in \mathbf{R}\text{ 且 }x\neq k\pi+\dfrac{\pi}{6},k\in \mathbf{Z}\right\}$.

【例 6】利用单调性,比较下列各组正切值的大小：

(1) $\tan\dfrac{5}{7}\pi$ 与 $\tan\dfrac{8}{7}\pi$；　　　　(2) $\tan\dfrac{13}{3}\pi$ 与 $\tan\dfrac{13}{4}\pi$.

**解**　(1) 因为 $\dfrac{\pi}{2}<\dfrac{5}{7}\pi<\dfrac{8}{7}\pi<\dfrac{3}{2}\pi$,且函数 $y=\tan x$ 在 $\left(\dfrac{\pi}{2},\dfrac{3}{2}\pi\right)$ 上是增函数,所以 $\tan\dfrac{5}{7}\pi<\tan\dfrac{8}{7}\pi$；

(2) 因为 $\tan\dfrac{13}{3}\pi=\tan\dfrac{\pi}{3}$,$\tan\dfrac{13}{4}\pi=\tan\dfrac{\pi}{4}$,又因为 $-\dfrac{\pi}{2}<\dfrac{\pi}{4}<\dfrac{\pi}{3}<\dfrac{\pi}{2}$,且函数 $y=\tan x$ 在 $\left(-\dfrac{\pi}{2},\dfrac{\pi}{2}\right)$ 上是增函数,所以 $\tan\dfrac{\pi}{3}>\tan\dfrac{\pi}{4}$,即

$$\tan\frac{13}{3}\pi > \tan\frac{13}{4}\pi.$$

 练习

1. 求下列函数的定义域：

   (1) $y=\tan\left(x+\dfrac{\pi}{6}\right)+2$；　　　　(2) $y=-2\tan\left(2x+\dfrac{\pi}{4}\right)+1$.

2. 比较下列各组中两个函数值的大小：

   (1) $\tan 138°$，$\tan 143°$；　　　　(2) $\tan\left(-\dfrac{13}{4}\pi\right)$，$\tan\left(-\dfrac{17}{5}\pi\right)$；

   (3) $\tan 325°$，$\tan 405°$；　　　　(4) $\tan\dfrac{19}{5}\pi$，$\tan\dfrac{23}{5}\pi$.

 习题 5.6

1. 求下列函数的周期：

   (1) $y=\sin\dfrac{3}{2}x$；　　　　(2) $y=\dfrac{1}{2}\cos\left(4x+\dfrac{\pi}{3}\right)$；

   (3) $y=-\tan\left(x+\dfrac{\pi}{6}\right)+2$；　　(4) $y=-2\sin\left(\dfrac{1}{2}x+\dfrac{\pi}{4}\right)$；

   (5) $y=2\cos\left(\dfrac{1}{3}x+\dfrac{\pi}{4}\right)$；　　(6) $y=2\tan\left(2x+\dfrac{\pi}{6}\right)+3$.

2. 用三角函数的单调性，比较下列各组中两个三角函数值的大小：

   (1) $\sin 103°$ 与 $\sin 164°$；　　(2) $\cos\left(-\dfrac{47}{10}\pi\right)$ 与 $\cos\left(-\dfrac{44}{9}\pi\right)$；

   (3) $\sin 505°$ 与 $\sin 144°$；　　(4) $\cos 760°$ 与 $\cos(-770°)$.

3. 利用正切函数的单调性，比较下列各组中三角函数值的大小：

   (1) $\tan 1519°$ 与 $\tan 1493°$；　　(2) $\tan\left(-\dfrac{\pi}{5}\right)$ 与 $\tan\left(-\dfrac{3}{7}\pi\right)$；

   (3) $\tan 6\dfrac{9}{11}\pi$ 与 $\tan\left(-5\dfrac{3}{11}\pi\right)$；　　(4) $\tan\dfrac{7}{8}\pi$ 与 $\tan\dfrac{\pi}{6}$.

4. 求函数 $y=-\tan\left(x+\dfrac{\pi}{4}\right)+2$ 的定义域.

5. 求函数 $y=-\tan\left(2x-\dfrac{3}{4}\pi\right)$ 的单调区间.

## §5.7 正弦型曲线

### 1. 正弦型曲线的概念

把函数 $y=A\sin(\omega x+\varphi)$ ($A,\omega,\varphi$ 是常数,且 $A>0,\omega>0$)的图象称为<u>正弦型曲线</u>.通常用"五点作图法"作出正弦型曲线的图象.下面以 $y=2\sin\left(\dfrac{1}{3}x-\dfrac{\pi}{6}\right)$ 为例,用"五点作图法"作出它的图象并考察 $A,\omega,\varphi$ 对图象的影响.

函数 $y=2\sin\left(\dfrac{1}{3}x-\dfrac{\pi}{6}\right)$ 的周期 $T=\dfrac{2\pi}{\frac{1}{3}}=6\pi$,利用"五点作图法"作出函数在一个周期内的图象.令 $X=\dfrac{1}{3}x-\dfrac{\pi}{6}$,则 $x=3\left(X+\dfrac{\pi}{6}\right)$,将函数对应值列成表 5-6.

表 5-6　$y=2\sin\left(\dfrac{1}{3}x-\dfrac{\pi}{6}\right)$ 的函数对应值

| $X$ | 0 | $\dfrac{\pi}{2}$ | $\pi$ | $\dfrac{3\pi}{2}$ | $2\pi$ |
|---|---|---|---|---|---|
| $x$ | $\dfrac{\pi}{2}$ | $2\pi$ | $\dfrac{7\pi}{2}$ | $5\pi$ | $\dfrac{13\pi}{2}$ |
| $y$ | 0 | 3 | 0 | $-3$ | 0 |

描点作图,如图 5-23 所示.

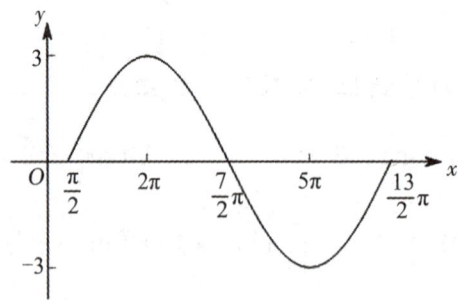

图 5-23

将函数 $y=2\sin\left(\dfrac{1}{3}x-\dfrac{\pi}{6}\right)$ 在 $\left[\dfrac{\pi}{2},\dfrac{13}{2}\pi\right]$ 上的图象向左和向右每次平移 $6\pi$ 个单位,就得到了函数 $y=2\sin\left(\dfrac{1}{3}x-\dfrac{\pi}{6}\right)$ 在 $(-\infty,+\infty)$ 内的图象(略).

一般地,函数 $y=A\sin(\omega x+\varphi)(A>0,\omega>0)$ 的定义域为 $(-\infty,+\infty)$,$A$ 决定曲线的振荡幅度和函数值域,称 $A$ 为振幅,值域是 $[-A,A]$;$\omega$ 决定函数的周期,周期是 $T=\dfrac{2\pi}{\omega}$;$\varphi$ 决定图形的起始位置,在区间 $\left[-\dfrac{\varphi}{\omega},-\dfrac{\varphi}{\omega}+T\right]$ 上,起点坐标是 $\left(-\dfrac{\varphi}{\omega},0\right)$,终点坐标为 $\left(-\dfrac{\varphi}{\omega}+T,0\right)$.

【例 1】作出函数 $y=4\sin\left(2x-\dfrac{\pi}{3}\right)$ 在一个周期内的图象.

**解** 此函数的周期 $T=\dfrac{2\pi}{2}=\pi$,令 $X=2x-\dfrac{\pi}{3}$,则 $x=\dfrac{X+\dfrac{\pi}{3}}{2}$,列成表 5-7.

表 5-7 $y=4\sin\left(2x-\dfrac{\pi}{3}\right)$ 的函数对应值

| $X$ | $0$ | $\dfrac{\pi}{2}$ | $\pi$ | $\dfrac{3\pi}{2}$ | $2\pi$ |
| --- | --- | --- | --- | --- | --- |
| $x$ | $\dfrac{\pi}{6}$ | $\dfrac{5\pi}{12}$ | $\dfrac{2\pi}{3}$ | $\dfrac{11\pi}{12}$ | $\dfrac{7\pi}{6}$ |
| $y$ | $0$ | $4$ | $0$ | $-4$ | $0$ |

描点作图,如图 5-24 所示.

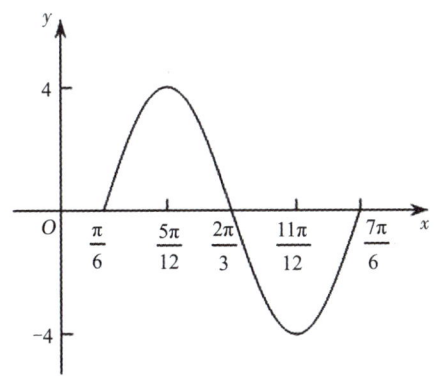

**图 5-24**

【例 2】已知单摆从某点开始来回摆动,它离开平衡位置 $O$ 的距离 $S$(单位:cm)和时间 $t$(单位:s)的函数关系为

$$S=2\sin\left(2\pi t+\frac{\pi}{6}\right).$$

(1) 作出它的图象；

(2) 回答问题：单摆开始摆动($t=0$)时,离开平衡位置是多少厘米？单摆摆动到最右边时离开平衡位置是多少厘米？单摆来回摆动一次需要多少时间？

**解** (1)根据已知函数得出：$A=2$, $T=\dfrac{2\pi}{2\pi}=1$, 起点为 $\left(-\dfrac{1}{12},0\right)$.

令 $x=2\pi t+\dfrac{\pi}{6}$, 则 $t=\dfrac{1}{2\pi}\left(x-\dfrac{\pi}{6}\right)$, 将函数对应值列成表 5-8.

表 5-8　$S=2\sin\left(2\pi t+\dfrac{\pi}{6}\right)$ 的函数对应值

| $x$ | 0 | $\dfrac{\pi}{2}$ | $\pi$ | $\dfrac{3\pi}{2}$ | $2\pi$ |
|---|---|---|---|---|---|
| $t$ | $-\dfrac{1}{12}$ | $\dfrac{2}{12}$ | $\dfrac{5}{12}$ | $\dfrac{8}{12}$ | $\dfrac{11}{12}$ |
| $S$ | 0 | 2 | 0 | $-2$ | 0 |

描点作图，如图 5-25 所示.

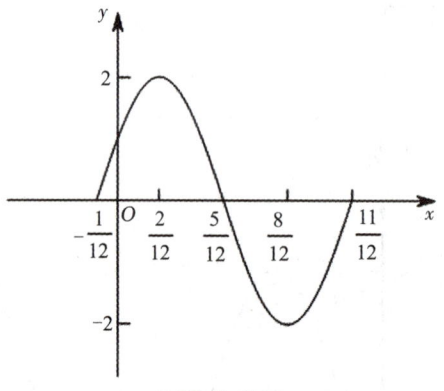

**图 5-25**

(2) 当 $t=0$ 时,$S=2\sin\dfrac{\pi}{6}=1$,即单摆开始摆动时,离开平衡位置 1 cm.

$S=2\sin\left(2\pi t+\dfrac{\pi}{6}\right)$ 的振幅为 2,单摆摆动到最右边时离开平衡位置 2 cm.

$S=2\sin\left(2\pi t+\dfrac{\pi}{6}\right)$ 的周期为 1,即单摆来回摆动一次需要 1 s.

练习

1. 用"五点作图法"作出下列函数在一个周期内的图象:

(1) $y=2\sin\left(2x-\dfrac{\pi}{3}\right)$；　　(2) $y=4\sin\left(\dfrac{x}{2}-\dfrac{\pi}{8}\right)$.

## 2. 化 $a\sin\omega x+b\cos\omega x$ 为 $A\sin(\omega x+\varphi)$ 形式

现在来讨论如何把函数 $y=a\sin\omega x+b\cos\omega x$ 化为 $y=A\sin(\omega x+\varphi)$ 的形式. 如图5-26所示, $P$ 是以 $(a,b)$ 为坐标的点, 以 $OP$ 为终边的角是 $\varphi$, $|OP|=\sqrt{a^2+b^2}$, 则

$$\cos\varphi=\dfrac{a}{\sqrt{a^2+b^2}},\quad \sin\varphi=\dfrac{b}{\sqrt{a^2+b^2}},$$

于是

$$y=a\sin\omega x+b\cos\omega x=\sqrt{a^2+b^2}\left(\dfrac{a}{\sqrt{a^2+b^2}}\sin\omega x+\dfrac{b}{\sqrt{a^2+b^2}}\cos\omega x\right)$$

$$=\sqrt{a^2+b^2}(\sin\omega x\cos\varphi+\cos\omega x\sin\varphi),$$

令 $\sqrt{a^2+b^2}=A$, 得 $y=a\sin\omega x+b\cos\omega x=A\sin(\omega x+\varphi)$.

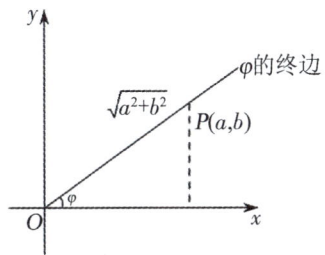

**图 5-26**

在求角 $\varphi$ 时, 应首先根据点 $(a,b)$ 的位置, 确定出 $\varphi$ 是第几象限的角, 然后根据 $\tan\varphi=\dfrac{b}{a}$, 求出角 $\varphi$.

【**例 3**】将下列各式化为 $A\sin(\omega x+\varphi)$ 的形式:

(1) $y=3\sin 2x-4\cos 2x$；　　(2) $y=4\cos\dfrac{x}{2}-3\sin\dfrac{x}{2}$.

**解**　(1) 因为 $a=3, b=-4$, 所以 $\varphi$ 是第四象限的角, $A=\sqrt{a^2+b^2}=\sqrt{3^2+(-4)^2}=5$, $\tan\varphi=-\dfrac{4}{3}=-1.3333$. 因为 $\tan 53°8'=1.3333$, 所以

$\tan(-53°8') = -\tan 53°8' = -1.3333$,而 $-53°8'$ 是第四象限的角,所以可取 $\varphi = -53°8'$,于是

$$y = 3\sin 2x - 4\cos 2x = 5\sin(2x - 53°8').$$

(2) 因为 $a = -3, b = 4$,所以 $\varphi$ 是第二象限的角,$A = \sqrt{a^2+b^2} = \sqrt{(-3)^2+4^2} = 5$,$\tan\varphi = \dfrac{b}{a} = -\dfrac{4}{3} = -1.3333$,又 $\tan(180°-53°8') = -\tan 53°8' = -1.3333$,而 $180°-53°8' = 126°52'$,可取 $\varphi = 126°52'$,于是有

$$y = 4\cos\dfrac{x}{2} - 3\sin\dfrac{x}{2} = 5\sin\left(\dfrac{x}{2} + 126°52'\right).$$

**练习**

1. 把下列各式化为 $y = A\sin(\omega x + \varphi)$ 的形式:

(1) $y = \dfrac{\sqrt{3}}{2}\sin x + \dfrac{1}{2}\cos x$; (2) $y = \sqrt{2}(\sin x + \cos x)$.

**习题 5.7**

1. 用"五点作图法"作出下列函数在一个周期内的图象:

(1) $y = 3\sin 2x$; (2) $y = 2\sin\left(2x - \dfrac{\pi}{3}\right)$;

(3) $y = 4\sin\left(\dfrac{x}{2} + \dfrac{\pi}{8}\right)$; (4) $y = \cos\left(3x - \dfrac{\pi}{2}\right)$.

2. 把下列各式化为 $y = A\sin(\omega x + \varphi)$ 的形式:

(1) $y = -\dfrac{\sqrt{3}}{2}\sin 2x + \dfrac{1}{2}\cos 2x$; (2) $y = 2\sin x + \cos x$;

(3) $y = 5\sin 3x - 5\cos 3x$; (4) $y = \cos\dfrac{x}{3} - \sin\dfrac{x}{3}$.

3. 已知单摆从某点开始来回摆动,它离开平衡位置 $O$ 的距离 $S$(单位:cm)和时间 $t$(单位:s)的函数关系为 $S = 3\sin\left(2\pi t + \dfrac{\pi}{3}\right)$.

(1) 作出函数图象;

(2) 回答问题:单摆开始摆动($t=0$)时,离开平衡位置多少厘米?单摆摆动到最左边时离开平衡位置多少厘米?单摆来回摆动一次需要多少时间?

## §5.8 反三角函数

### 1. 反正弦函数

由正弦函数 $y=\sin x$ 及其图象可以看出，对于在定义域 $(-\infty,+\infty)$ 上的每一个 $x$ 值，在 $[-1,1]$ 上都有唯一的 $y$ 值和它对应. 例如，对于 $x=\dfrac{\pi}{6}$，有 $y=\sin\dfrac{\pi}{6}=\dfrac{1}{2}$ 和它对应. 反过来，对于在 $[-1,1]$ 上的每一个值 $y$，有无穷多个 $x$ 值和它对应. 例如，对于 $y=\dfrac{1}{2}$，$x$ 有 $\dfrac{\pi}{6}$，$\dfrac{5}{6}\pi$，$\cdots$ 无穷多个值和它对应. 由此可见，对于在 $[-1,1]$ 上的每一个值 $y$，没有唯一确定的 $x$ 和它对应，因此 $y=\sin x$ 在区间 $(-\infty,+\infty)$ 上没有反函数. 由图 5-18 可以看到，在正弦函数的单调区间 $\left[-\dfrac{\pi}{2},\dfrac{\pi}{2}\right]$ 上，对于 $x$ 的每一个值，$y=\sin x$ 在 $[-1,1]$ 上有唯一的值和 $x$ 对应，反过来，对于 $y$ 在 $[-1,1]$ 上的每一个值，$x$ 在 $\left[-\dfrac{\pi}{2},\dfrac{\pi}{2}\right]$ 上也有唯一的值和 $y$ 对应，所以 $y=\sin x$ 在区间 $\left[-\dfrac{\pi}{2},\dfrac{\pi}{2}\right]$ 上有反函数.

函数 $y=\sin x$，$x\in\left[-\dfrac{\pi}{2},\dfrac{\pi}{2}\right]$ 的反函数叫作**反正弦函数**，记作 $x=\arcsin y$. 习惯上用字母 $x$ 表示自变量，用 $y$ 表示因变量，所以反正弦函数可以写成 $y=\arcsin x$，$x\in[-1,1]$，它的值域是 $\left[-\dfrac{\pi}{2},\dfrac{\pi}{2}\right]$.

例如，当 $x=\dfrac{1}{2}$ 时，$y=\arcsin\dfrac{1}{2}=\dfrac{\pi}{6}$，即 $\sin\left(\arcsin\dfrac{1}{2}\right)=\sin\dfrac{\pi}{6}=\dfrac{1}{2}$.

一般地，根据反函数的定义，可以得
$$\sin(\arcsin x)=x,$$
其中 $x\in[-1,1]$，$\arcsin x\in\left[-\dfrac{\pi}{2},\dfrac{\pi}{2}\right]$.

下面来讨论反正弦函数的图象和性质.

根据互为反函数的图象的性质可知,反正弦函数 $y=\arcsin x$ 在区间 $[-1,1]$ 上的图象与 $y=\sin x$ 在区间 $\left[-\dfrac{\pi}{2},\dfrac{\pi}{2}\right]$ 上的图象关于直线 $y=x$ 对称,如图5-27所示.

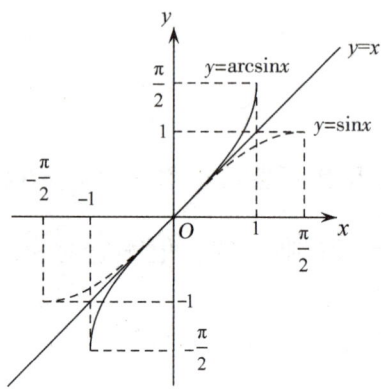

图 5-27

从图象上我们可以看出,反正弦函数
$$y=\arcsin x, x\in[-1,1]$$
还具有如下性质:

(1) 在区间 $[-1,1]$ 上是增函数,值域是 $\left[-\dfrac{\pi}{2},\dfrac{\pi}{2}\right]$;

(2) 是奇函数,图象关于原点成中心对称,即
$$\arcsin(-x)=-\arcsin x, x\in[-1,1].$$

【例1】求下列各反正弦函数的值:

(1) $\arcsin\dfrac{\sqrt{2}}{2}$;    (2) $\arcsin\left(-\dfrac{\sqrt{3}}{2}\right)$;

(3) $\arcsin(-1)$;    (4) $\arcsin 0.2672$.

**解** (1) 因为在 $\left[-\dfrac{\pi}{2},\dfrac{\pi}{2}\right]$ 上,$\sin\dfrac{\pi}{4}=\dfrac{\sqrt{2}}{2}$,所以 $\arcsin\dfrac{\sqrt{2}}{2}=\dfrac{\pi}{4}$;

(2) 因为在 $\left[-\dfrac{\pi}{2},\dfrac{\pi}{2}\right]$ 上,$\sin\left(-\dfrac{\pi}{3}\right)=-\dfrac{\sqrt{3}}{2}$,所以 $\arcsin\left(-\dfrac{\sqrt{3}}{2}\right)=-\dfrac{\pi}{3}$;

(3) 因为在 $\left[-\dfrac{\pi}{2},\dfrac{\pi}{2}\right]$ 上,$\sin\left(-\dfrac{\pi}{2}\right)=-1$,所以 $\arcsin(-1)=-\dfrac{\pi}{2}$;

(4) 由正弦表得出 $\sin 15°30'=0.2672$,而 $15°30'=0.2705$ rad,又 $0.2705\in\left[-\dfrac{\pi}{2},\dfrac{\pi}{2}\right]$,所以 $\arcsin 0.2672=0.2705$.

【例2】求下列各式的值:

(1) $\sin\left(\arcsin\dfrac{2}{3}\right)$;　　(2) $\sin\left[\arcsin\left(-\dfrac{1}{2}\right)\right]$.

**解** (1) 因为 $\dfrac{2}{3}\in[-1,1]$,所以 $\sin\left(\arcsin\dfrac{2}{3}\right)=\dfrac{2}{3}$;

(2) 因为 $-\dfrac{1}{2}\in[-1,1]$,所以 $\sin\left[\arcsin\left(-\dfrac{1}{2}\right)\right]=-\dfrac{1}{2}$.

1. 用反正弦的形式,表示下列各式中的 $x$, $x\in\left[-\dfrac{\pi}{2},\dfrac{\pi}{2}\right]$.

(1) $\sin x=\dfrac{2}{5}$;　　(2) $\sin x=-\dfrac{1}{3}$;

(3) $\sin x=0.3147$;　　(4) $\sin x=-\dfrac{\sqrt{3}}{4}$.

2. 求下列各反正弦函数值:

(1) $\arcsin\dfrac{1}{2}$;　　(2) $\arcsin\left(-\dfrac{\sqrt{2}}{2}\right)$;

(3) $\arcsin 1$.

3. 求下列各式的值:

(1) $\sin\left(\arcsin\dfrac{4}{5}\right)$;　　(2) $\sin\left[\arcsin\left(-\dfrac{4}{5}\right)\right]$.

## 2. 反余弦函数

从余弦函数的图象同样可以看到,余弦函数在区间 $(-\infty,+\infty)$ 上不存在反函数. 但在单调区间 $[0,\pi]$ 上,对于 $x$ 的每一个值, $y=\cos x$ 在 $[-1,1]$ 上有唯一的值和 $x$ 对应;反过来,对于 $y$ 在 $[-1,1]$ 上的每一个值,也有 $x$ 在 $[0,\pi]$ 上的唯一的值和 $y$ 对应. 因此,函数 $y=\cos x(x\in[0,\pi])$ 有反函数.

函数 $y=\cos x(x\in[0,\pi])$ 的反函数叫作**反余弦函数**,记作
$$y=\arccos x, x\in[-1,1].$$
这样,对于属于 $[-1,1]$ 的每一个 $x$ 值, $\arccos x$ 表示有 $[0,\pi]$ 上唯一确定的一个角(弧度数),这个角的余弦恰好等于 $x$.

我们知道, $x=\dfrac{1}{2}$, $y=\arccos\dfrac{1}{2}=\dfrac{\pi}{3}$,所以 $\cos\left(\arccos\dfrac{1}{2}\right)=\dfrac{1}{2}$.

一般地，根据反余弦函数的定义，可以得到
$$\cos(\arccos x) = x,$$
其中 $x \in [-1, 1]$，$\arccos x \in [0, \pi]$.

根据互为反函数的图象的性质，反余弦函数 $y = \arccos x$ 的图象（见图 5-28）与余弦函数 $y = \cos x$ 在 $[0, \pi]$ 上的图象关于直线 $y = x$ 对称.

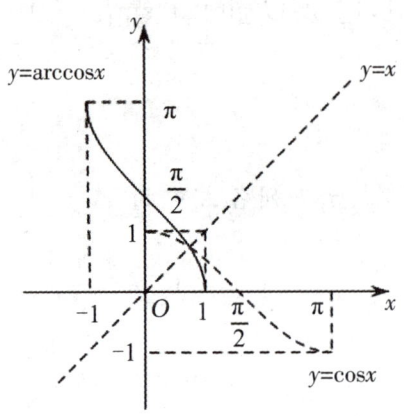

图 5-28

从图象上可以看出，余弦函数还具有如下性质：
(1) 在区间 $[-1, 1]$ 上是减函数，值域是 $[0, \pi]$；
(2) 既不是偶函数，也不是奇函数.

【例 3】 求下列各反余弦函数的值：

(1) $\arccos \dfrac{\sqrt{3}}{2}$；　　　(2) $\arccos \dfrac{1}{2}$；

(3) $\arccos \left(-\dfrac{\sqrt{2}}{2}\right)$；　　(4) $\arccos \left(\cos \dfrac{11}{6}\pi\right)$.

**解** (1) 因为在区间 $[0, \pi]$ 上，$\cos \dfrac{\pi}{6} = \dfrac{\sqrt{3}}{2}$，所以 $\arccos \dfrac{\sqrt{3}}{2} = \dfrac{\pi}{6}$；

(2) 因为在区间 $[0, \pi]$ 上，$\cos \dfrac{\pi}{3} = \dfrac{1}{2}$，所以 $\arccos \dfrac{1}{2} = \dfrac{\pi}{3}$；

(3) 因为在区间 $[0, \pi]$ 上，$\cos \dfrac{3\pi}{4} = -\dfrac{\sqrt{2}}{2}$，所以 $\arccos \left(-\dfrac{\sqrt{2}}{2}\right) = \dfrac{3\pi}{4}$；

(4) $\arccos \left(\cos \dfrac{11}{6}\pi\right) = \arccos \left(\cos \dfrac{\pi}{6}\right) = \arccos \dfrac{\sqrt{3}}{2} = \dfrac{\pi}{6}$.

【例 4】 求下列各式的值：

(1) $\cos\left[\arccos\left(-\dfrac{\sqrt{2}}{3}\right)\right]$;  (2) $\cos\left[\arccos\dfrac{\sqrt{6}}{3}\right]$;

(3) $\sin\left[\arccos\left(-\dfrac{1}{2}\right)\right]$;  (4) $\cos\left[\arcsin\left(-\dfrac{\sqrt{2}}{2}\right)\right]$.

**解** (1) 因为 $-\dfrac{\sqrt{2}}{3}\in[-1,1]$，所以 $\cos\left[\arccos\left(-\dfrac{\sqrt{2}}{3}\right)\right]=-\dfrac{\sqrt{2}}{3}$；

(2) 因为 $\dfrac{\sqrt{6}}{3}\in[-1,1]$，所以 $\cos\left[\arccos\dfrac{\sqrt{6}}{3}\right]=\dfrac{\sqrt{6}}{3}$；

(3) $\sin\left[\arccos\left(-\dfrac{1}{2}\right)\right]=\sin\dfrac{2}{3}\pi=\dfrac{\sqrt{3}}{2}$；

(4) $\cos\left[\arcsin\left(-\dfrac{\sqrt{2}}{2}\right)\right]=\cos\left(-\dfrac{\pi}{4}\right)=\dfrac{\sqrt{2}}{2}$.

**练习**

1. 用反余弦的形式，表示下列各式中的 $x,x\in[0,\pi]$.

(1) $\cos x=\dfrac{2}{3}$；  (2) $\cos x=-\dfrac{1}{5}$；  (3) $\cos x=0.8065$.

2. 求下列各反余弦函数的值：

(1) $\arccos\dfrac{\sqrt{2}}{2}$；  (2) $\arccos 0$；  (3) $\arccos\left(-\dfrac{3}{4}\right)$.

3. 求下列各式的值：

(1) $\arccos\left[\sin\left(-\dfrac{\pi}{4}\right)\right]$；  (2) $\arcsin\left[\cos\left(-\dfrac{3}{4}\pi\right)\right]$；

(3) $\arcsin\left(\cos\dfrac{7\pi}{6}\right)$；  (4) $\arccos\left[\sin\left(-\dfrac{5}{4}\pi\right)\right]$.

## 3. 反正切函数与反余切函数

函数 $y=\tan x, x\in\left(-\dfrac{\pi}{2},\dfrac{\pi}{2}\right)$ 的反函数叫作**反正切函数**，记作 $y=\arctan x$，它的定义域是 $(-\infty,+\infty)$，值域是 $\left(-\dfrac{\pi}{2},\dfrac{\pi}{2}\right)$.

函数 $y=\cot x, x\in(0,\pi)$ 的反函数叫作**反余切函数**，记作 $y=\text{arccot}\,x$，它的定义域是 $(-\infty,+\infty)$，值域是 $(0,\pi)$.

由反正切函数与反余切函数的定义，可得

$$\tan(\arctan x) = x,$$

其中 $x \in (-\infty, +\infty)$,$\arctan x \in \left(-\dfrac{\pi}{2}, \dfrac{\pi}{2}\right)$;

$$\cot(\text{arccot} x) = x,$$

其中 $x \in (-\infty, +\infty)$,$\text{arccot} x \in (0, \pi)$.

图 5-29 和图 5-30 分别是反正切函数与反余切函数的图象.

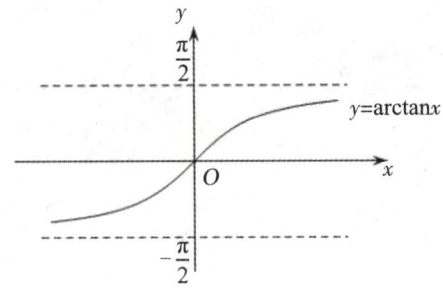

图 5-29

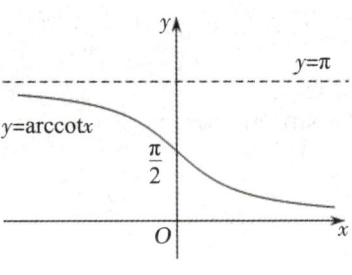

图 5-30

从图 5-29 和图 5-30 可以看出:

反正切函数 $y = \arctan x$ 是奇函数,即

$$\arctan(-x) = -\arctan x,$$

其中 $x \in (-\infty, +\infty)$;

反正切函数 $y = \arctan x$ 在区间 $(-\infty, +\infty)$ 上是增函数;

反余切函数 $y = \text{arccot} x$ 既不是奇函数,也不是偶函数,对于 $x \in (-\infty, +\infty)$,有

$$\text{arccot}(-x) = \pi - \text{arccot} x;$$

反余切函数 $y = \text{arccot} x$ 在区间 $(-\infty, +\infty)$ 上是减函数.

反正弦函数、反余弦函数、反正切函数、反余切函数统称为**反三角函数**.

【**例 5**】求下列各式的值:

(1) $\arctan 0$;  (2) $\arctan(-\sqrt{3})$;

(3) $\text{arccot} 1$;  (4) $\text{arccot}(-\sqrt{3})$.

**解** (1) $\arctan 0 = 0$;

(2) $\arctan(-\sqrt{3}) = -\arctan\sqrt{3} = -\dfrac{\pi}{3}$;

(3) $\text{arccot} 1 = \dfrac{\pi}{4}$;

(4) $\text{arccot}(-\sqrt{3}) = \pi - \text{arccot}\sqrt{3} = \pi - \dfrac{\pi}{6} = \dfrac{5}{6}\pi$.

1. 求下列各式的值：

   (1) $\arctan \sqrt{3}$；
   (2) $\tan(\arctan 2.89)$；
   (3) $\text{arccot}\dfrac{\sqrt{3}}{3}$；
   (4) $\text{arccot}\left(\cot\dfrac{\pi}{4}\right)$.

## 4. 简单三角方程

含有未知数的三角函数的方程，叫作**三角方程**. 例如，$\cos^2 x - \sin x = 1$，$\tan^2 x = 2$ 都是三角方程.

**三角方程的解**　满足三角方程的未知角的每一个值，称为三角方程的**解**.

**三角方程的通解**　三角方程的全部解称为三角方程的**通解**.

**解三角方程**　求三角方程的解或确定方程无解的过程，称为解三角方程.

(1) $\sin x = a$ 的解.

① 对于 $|a| > 1$，因为 $|a| > 1$，所以方程 $\sin x = a$ 无解.

② 对于 $|a| = 1$，当 $a = 1$ 时，在区间 $\left[-\dfrac{\pi}{2}, \dfrac{3}{2}\pi\right)$ 上，$\sin x = 1$ 有唯一的解 $x = \dfrac{\pi}{2}$；当 $a = -1$ 时，在区间 $\left[-\dfrac{\pi}{2}, \dfrac{3}{2}\pi\right)$ 上，$\sin x = -1$ 有唯一的解 $x = -\dfrac{\pi}{2}$.

由 $\sin x$ 的周期性可知，方程 $\sin x = 1$ 的通解为 $x = 2k\pi + \dfrac{\pi}{2}, k \in \mathbf{Z}$；方程 $\sin x = -1$ 的通解为 $x = 2k\pi - \dfrac{\pi}{2}, k \in \mathbf{Z}$.

③ 对于 $|a| < 1$，由图 5-31 可知，当 $-1 < a < 1$ 时，方程 $\sin x = a$ 在 $\left[-\dfrac{\pi}{2}, \dfrac{\pi}{2}\right)$ 上有唯一解 $x_1 = \arcsin a$，在区间 $\left[\dfrac{\pi}{2}, \dfrac{3}{2}\pi\right)$ 上也有唯一解 $x_2 = \pi - \arcsin a$. 所以，方程 $\sin x = a$ 在 $\left[-\dfrac{\pi}{2}, \dfrac{3}{2}\pi\right)$ 上有两个解 $x_1, x_2$，根据 $y = \sin x$ 的周期性，方程 $\sin x = a$ 的通解为

$$x = 2k\pi + \arcsin a, k \in \mathbf{Z}$$

及

$$x = 2k\pi + (\pi - \arcsin a) = (2k+1)\pi - \arcsin a, k \in \mathbf{Z},$$

合并可写成

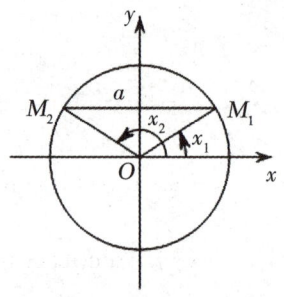

图 5-31

$$x = k\pi + (-1)^k \arcsin a, k \in \mathbf{Z}.$$

**【例 6】** 解方程 $2\sin x + \sqrt{2} = 0$.

**解** 原方程可化为 $\sin x = -\dfrac{\sqrt{2}}{2}$，因为 $\arcsin\left(-\dfrac{\sqrt{2}}{2}\right) = -\dfrac{\pi}{4}$，所以原方程的通解为

$$x = k\pi + (-1)^k\left(-\dfrac{\pi}{4}\right) \text{ 或 } x = k\pi + (-1)^{k+1}\dfrac{\pi}{4}, k \in \mathbf{Z}.$$

(2) $\cos x = a$ 的解.

① 对于 $|a| > 1$，因为 $|a| > 1$，所以方程 $\cos x = a$ 无解.

② 对于 $|a| = 1$，当 $a = 1$ 时，在区间 $(-\pi, \pi]$ 上，$\cos x = 1$ 有唯一的解 $x = 0$；当 $a = -1$ 时，在区间 $(-\pi, \pi]$ 上，$\cos x = -1$ 有唯一的解 $x = \pi$.

由 $\cos x$ 的周期性可知，方程 $\cos x = 1$ 的通解为 $x = 2k\pi, k \in \mathbf{Z}$；方程 $\cos x = -1$ 的通解为 $x = 2k\pi + \pi, k \in \mathbf{Z}$.

③ 对于 $|a| < 1$，由图 5-32 知，方程 $\cos x = a$ 在 $[0, \pi)$ 上有唯一解 $x_1 = \arccos a$，在 $(-\pi, 0)$ 上也有唯一解 $x_2 = -\arccos a$. 所以，$\cos x = a$ 在 $(-\pi, \pi]$ 上有两个解 $x_1, x_2$，由 $y = \cos x$ 的周期性可知，方程 $\cos x = a$ 在 $(-\infty, +\infty)$ 上的通解为

$$x = 2k\pi \pm \arccos a, k \in \mathbf{Z}.$$

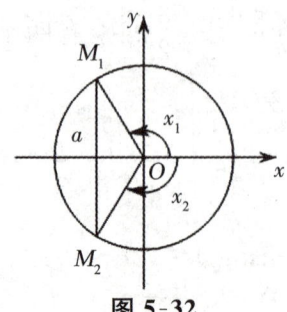

图 5-32

【例7】求方程 $\cos x = \dfrac{\sqrt{2}}{2}$ 满足 $-4\pi < x < 4\pi$ 的解.

**解** 因为 $\arccos \dfrac{\sqrt{2}}{2} = \dfrac{\pi}{4}$,所以所求方程的通解为 $x = 2k\pi \pm \dfrac{\pi}{4}, k \in \mathbf{Z}$.

取 $k = -2, -1, 0, 1, 2$,得方程 $\cos x = \dfrac{\sqrt{2}}{2}$ 满足 $-4\pi < x < 4\pi$ 的解为

$$x = -\dfrac{15}{4}\pi, -\dfrac{9}{4}\pi, -\dfrac{7}{4}\pi, -\dfrac{\pi}{4}, \dfrac{\pi}{4}, \dfrac{7}{4}\pi, \dfrac{9}{4}\pi, \dfrac{15}{4}\pi.$$

(3) $\tan x = a$ 的解.

由反正切函数的定义知,对于任意实数 $a$,方程 $\tan x = a$ 在 $\left(-\dfrac{\pi}{2}, \dfrac{\pi}{2}\right)$ 上有唯一解 $x = \arctan a$. 由于 $y = \tan x$ 的周期为 $\pi$,因此在定义域 $\left(k\pi - \dfrac{\pi}{2}, k\pi + \dfrac{\pi}{2}\right)(k \in \mathbf{Z})$ 上方程 $\tan x = a$ 的通解为

$$x = k\pi + \arctan a, k \in \mathbf{Z}.$$

【例8】解方程 $\tan x = \sqrt{3}$.

**解** 因为 $\arctan \sqrt{3} = \dfrac{\pi}{3}$,所以方程的通解为

$$x = k\pi + \dfrac{\pi}{3}, k \in \mathbf{Z}.$$

1. 解下列方程:

(1) $\sin x = -\dfrac{\sqrt{3}}{2}$;    (2) $\cos x = \dfrac{1}{2}$;    (3) $3\tan x = \sqrt{3}$.

## 习题 5.8

1. 把下列各等式写成反三角函数:

(1) $\sin \dfrac{\pi}{3} = \dfrac{\sqrt{3}}{2}$;    (2) $\sin\left(-\dfrac{\pi}{4}\right) = -\dfrac{\sqrt{2}}{2}$;    (3) $\cos \dfrac{2\pi}{3} = -\dfrac{1}{2}$;

(4) $\cos \dfrac{\pi}{6} = \dfrac{\sqrt{3}}{2}$;    (5) $\tan \dfrac{\pi}{3} = \sqrt{3}$;    (6) $\cot \dfrac{\pi}{4} = 1$.

2. 求下列各式的值:

(1) $\arcsin\dfrac{\sqrt{3}}{2}$;   (2) $\arccos\left(-\dfrac{1}{2}\right)$;   (3) $\arctan(-1)$.

3. 求下列各式的值：

(1) $\tan\left(\arcsin\dfrac{\sqrt{2}}{2}\right)$;   (2) $\sin\left(\arcsin\dfrac{1}{2}\right)$;   (3) $\tan[\arctan(-\sqrt{3})]$.

4. 解下列方程：

(1) $\sin x - \dfrac{1}{2} = 0$;   (2) $\tan x = -\sqrt{3}$;   (3) $\cos x - \dfrac{\sqrt{3}}{2} = 0$;

(4) $\tan x - 1 = 0$.

5. 求满足相应条件的方程的解：

(1) $\cos x = \dfrac{\sqrt{3}}{2}$, $0 < x < 4\pi$;   (2) $\sin 3x = \dfrac{1}{2}$, $-\pi < x < \pi$.

## 名 词 索 引

正角 positive angle(1)　　负角 negative angle(1)
零角 zero angle(1)　　弧度 radian(4)
正弦 sine(7)　　余弦 cosine(7)
正切 tangent(7)　　余切 cotangent(7)
正割 secant(7)　　余割 cosecant(7)
正弦函数 sine function(8)　　余弦函数 cosine function(8)
正切函数 tangent function(8)　　余切函数 cotangent function(8)
正割函数 secant function(8)　　余割函数 cosecant function(8)
三角函数 trigonometric function(8)　　正弦型曲线 sine curve (34)
反正弦函数 arc-sin function (39)　　反余弦函数 arc-cos function (41)
反正切函数 arc-tangent function (43)　　反余切函数 arc-cotangent function (43)
三角方程 trigonometric equation(45)

## 数 学 符 号

sin　正弦的符号，正弦 sin 来自拉丁语 sinus. sinα 表示角 α 的正弦值.

cos　cos 似乎来自补足的正弦的略写 co-sinus. 英国的古恩德尔首先使用 cos 代表余弦.

tan　正切的符号，tanα 表示角 α 的正切. 1626 年，吉拉尔正式使用 tan 表示正切.

cot　余切的符号，cotα 表示角 α 的余切，是略写 co-tan 的前三个字母.

sec　正割的符号，secα 表示角 α 的正割. 1626 年，吉拉尔正式使用 sec 表示正割.

csc　余割的符号，csc 是由余割的略写 cosec 取第 1,3,5 个字母而来.

## 第5章 三角函数

arcsin　反正弦的符号，arcsin$\alpha$ 表示 $\alpha$ 的反正弦，有的书用 $\sin^{-1}$ 表示．
arccos　反余弦的符号，arccos$\alpha$ 表示 $\alpha$ 的反余弦，有的书用 $\cos^{-1}$ 表示．
arctan　反正切的符号，arctan$\alpha$ 表示 $\alpha$ 的反正切，有的书用 $\tan^{-1}$ 表示．
arccot　反余切的符号，arccot$\alpha$ 表示 $\alpha$ 的反余切，有的书用 $\cot^{-1}$ 表示．

## 常用公式

弧长公式 $|\alpha|=l/r$ 或 $l=|\alpha|r$

函数 $y=A\sin(\omega x+\varphi)$ 和 $y=A\cos(\omega x+\varphi)$ 的周期公式 $T=2\pi/|\omega|$

函数 $y=A\tan(\omega x+\varphi)$ 和 $y=A\cot(\omega x+\varphi)$ 的周期公式 $T=\pi/|\omega|$

同角三角函数的基本关系式

$\sin\alpha \cdot \csc\alpha = 1$　　　　　　　　　　　　$\cos\alpha \cdot \sec\alpha = 1$

$\tan\alpha \cdot \cot\alpha = 1$　　　　　　　　　　　　$\dfrac{\sin\alpha}{\cos\alpha}=\tan\alpha$

$\dfrac{\cos\alpha}{\sin\alpha}=\cot\alpha$　　　　　　　　　　　　$\sin^2\alpha+\cos^2\alpha=1$

$1+\tan^2\alpha=\sec^2\alpha$　　　　　　　　　　　　$1+\cot^2\alpha=\csc^2\alpha$

诱导公式

$\sin(\alpha+2k\pi)=\sin\alpha$　　　　　　　　　　　$\cos(\alpha+2k\pi)=\cos\alpha$

$\tan(\alpha+2k\pi)=\tan\alpha$　　　　　　　　　　　$\sin(-\alpha)=-\sin\alpha$

$\cos(-\alpha)=\cos\alpha$　　　　　　　　　　　　　$\tan(-\alpha)=-\tan\alpha$

$\sin(\pi+\alpha)=-\sin\alpha$　　　　　　　　　　　$\cos(\pi+\alpha)=-\cos\alpha$

$\tan(\pi+\alpha)=\tan\alpha$　　　　　　　　　　　　$\sin(\pi-\alpha)=\sin\alpha$

$\cos(\pi-\alpha)=-\cos\alpha$　　　　　　　　　　　$\tan(\pi-\alpha)=-\tan\alpha$

$\sin\left(\dfrac{\pi}{2}-\alpha\right)=\cos\alpha$　　　　　　　　　　$\cos\left(\dfrac{\pi}{2}-\alpha\right)=\sin\alpha$

$\sin\left(\dfrac{\pi}{2}+\alpha\right)=\cos\alpha$　　　　　　　　　　$\cos\left(\dfrac{\pi}{2}+\alpha\right)=-\sin\alpha$

两角和与差的公式

$\sin(\alpha\pm\beta)=\sin\alpha\cos\beta\pm\cos\alpha\sin\beta$　　　　　$\cos(\alpha\pm\beta)=\cos\alpha\cos\beta\mp\sin\alpha\sin\beta$

$\tan(\alpha\pm\beta)=\dfrac{\tan\alpha\pm\tan\beta}{1\mp\tan\alpha\tan\beta}$

二倍角公式

$\sin 2\alpha=2\sin\alpha\cos\alpha$

$\cos 2\alpha=\begin{cases}\cos^2\alpha-\sin^2\alpha\\ 2\cos^2\alpha-1\\ 1-2\sin^2\alpha\end{cases}$

$\tan 2\alpha=\dfrac{2\tan\alpha}{1-\tan^2\alpha}$

# 复习题 A

1. 选择题：

   (1) 30°是( )弧度.

   A. $\dfrac{\pi}{6}$　　B. $\dfrac{\pi}{4}$　　C. $\dfrac{\pi}{3}$　　D. $\dfrac{\pi}{2}$

   (2) $4\pi$ 是( )度.

   A. 180　　B. 360　　C. 720　　D. 1440

   (3) $-1180°$是第( )象限角.

   A. 一　　B. 二　　C. 三　　D. 四

   (4) 已知角 $\alpha$ 的终边经过点 $P(2,-3)$，则 $\tan\alpha=($ ).

   A. $\dfrac{3}{2}$　　B. $-\dfrac{3}{2}$　　C. $\dfrac{2}{3}$　　D. $-\dfrac{2}{3}$

   (5) $\sin 0°=($ ).

   A. 0　　B. 1　　C. $-1$　　D. 不存在

   (6) $\cos 90°=($ ).

   A. 0　　B. 1　　C. $-1$　　D. 不存在

   (7) 已知 $\sin\theta<0$ 且 $\tan\theta>0$，则角 $\theta$ 是( )象限角.

   A. 第一　　B. 第二　　C. 第三　　D. 第四

   (8) $\sin\left(-\dfrac{\pi}{3}\right)=($ ).

   A. $-\dfrac{1}{2}$　　B. $\dfrac{1}{2}$　　C. $\dfrac{\sqrt{3}}{2}$　　D. $-\dfrac{\sqrt{3}}{2}$

   (9) 若函数 $y=\sin x$，则 $y$ 的最大值是( ).

   A. 1　　B. 2　　C. 3　　D. 4

   (10) 若函数 $y=2\cos x$，则 $y$ 的最小值是( ).

   A. 3　　B. $-2$　　C. 1　　D. $-1$

   (11) 函数 $y=\sin\left(2x+\dfrac{\pi}{4}\right)$ 的周期是( ).

   A. $\dfrac{\pi}{2}$　　B. $\pi$　　C. $\dfrac{3\pi}{2}$　　D. $2\pi$

   (12) 函数 $y=\cos\left(3x+\dfrac{\pi}{5}\right)$ 的周期是( ).

A. $\dfrac{\pi}{3}$    B. $\pi$    C. $\dfrac{2\pi}{3}$    D. $\dfrac{4\pi}{3}$

(13) 函数 $y=3\tan\left(2x+\dfrac{\pi}{4}\right)$ 的周期是(　　).

A. $\dfrac{\pi}{2}$    B. $\pi$    C. $\dfrac{3\pi}{2}$    D. $2\pi$

(14) 下列关于函数 $y=4\sin x, x\in[-\pi,\pi]$ 的单调性的叙述,正确的是(　　).

A. 在 $[-\pi,0]$ 上是增函数,在 $[0,\pi]$ 上是减函数

B. 在 $\left[-\dfrac{\pi}{2},\dfrac{\pi}{2}\right]$ 上是增函数,在 $\left[-\pi,-\dfrac{\pi}{2}\right]$ 及 $\left[\dfrac{\pi}{2},\pi\right]$ 上是减函数

C. 在 $[0,\pi]$ 上是增函数,在 $[-\pi,0]$ 上是减函数

D. 在 $\left[-\pi,-\dfrac{\pi}{2}\right]$ 及 $\left[\dfrac{\pi}{2},\pi\right]$ 上是增函数,在 $\left[-\dfrac{\pi}{2},\dfrac{\pi}{2}\right]$ 上是减函数

(15) $y=5\sin\left(x+\dfrac{\pi}{3}\right)-1$ 是由 $y=\sin x$(　　)变换得来的.

A. 先横坐标向左平移 $\dfrac{\pi}{3}$ 个单位,再纵坐标变为原来的 5 倍,最后向上平移 1 个单位

B. 先横坐标向右平移 $\dfrac{\pi}{3}$ 个单位,再纵坐标变为原来的 5 倍,最后向上平移 1 个单位

C. 先横坐标向左平移 $\dfrac{\pi}{3}$ 个单位,再纵坐标变为原来的 5 倍,最后向下平移 1 个单位

D. 先横坐标向左平移 $\dfrac{\pi}{3}$ 个单位,再纵坐标变为原来的 $\dfrac{1}{5}$ 倍,最后向下平移 1 个单位

2. 填空题：

(1) 与 $\dfrac{\pi}{3}$ 终边相同的角的集合为＿＿＿＿＿＿＿＿＿＿.

(2) 角度制与弧度制转换：$45°=$ ＿＿＿＿；$60°=$ ＿＿＿＿；$\dfrac{\pi}{2}=$ ＿＿＿＿；$\dfrac{2\pi}{3}=$ ＿＿＿＿.

(3) 求值：$\sin 30°=$ _____ ；$\cos 45°=$ _____ ；$\tan 60°=$ _____ .

(4) 若 $\alpha$ 为第四象限角，则 $\sin\alpha$ _____ ，$\cos\alpha$ _____ ，$\tan\alpha$ _____ （填">0"或"<0"）.

(5) 计算求值：$\cos\dfrac{9\pi}{4}=$ _____ ，$\cos 750°=$ _____ .

(6) 比较大小：$\sin\dfrac{\pi}{18}$ _____ $\sin\dfrac{\pi}{10}$，$\cos\dfrac{\pi}{5}$ _____ $\cos\dfrac{\pi}{4}$，$\cos\dfrac{5\pi}{4}$ _____ $\cos\dfrac{7\pi}{4}$，$\tan\dfrac{5\pi}{7}$ _____ $\tan\dfrac{8\pi}{7}$.

(7) 已知 $\sin\alpha=\dfrac{1}{3}$ 且 $\alpha$ 为第二象限角，则 $\sin 2\alpha=$ _____ ，$\cos 2\alpha=$ _____ ，$\tan 2\alpha=$ _____ .

(8) 化简求值：$\cos 70°\cos 10°+\sin 10°\sin 70°=$ _____ .

(9) 求值：$\arcsin 0=$ _____ ，$\cos\left[\arccos\dfrac{\sqrt{5}}{7}\right]=$ _____ ，$\tan[\arctan(-20)]=$ _____ .

3. 判断题：

(1) 三角形的内角是第一象限角或第二象限角． （　）

(2) 第一象限的角是锐角． （　）

(3) 钝角是第二象限角． （　）

(4) 第二象限的角比第一象限的角大． （　）

(5) 与角 $\alpha$ 终边相同的角有无穷多个，在每一个 $[2k\pi,(2k+1)\pi)(k\in Z)$ 区间内有且最多只有一个． （　）

(6) $\alpha$ 为第一象限角，则 $\sin\alpha,\cos\alpha,\tan\alpha$ 全为负值． （　）

(7) 若 $\sin\alpha=\sin\beta$，则 $\alpha=\beta$． （　）

(8) 正弦函数 $y=\sin x$ 的定义域是 $(-\infty,+\infty)$． （　）

(9) 余弦函数 $y=\cos x$ 的值域是 $(-\infty,+\infty)$． （　）

(10) 正弦函数在定义域内为奇函数． （　）

(11) 余弦函数在定义域内为奇函数． （　）

(12) 正切函数在定义域内为增函数． （　）

4. 已知角 $\alpha$ 的终边上点 $P(6,-8)$，求 $\sin\alpha,\cos\alpha,\tan\alpha$ 的值．

5. 已知 $\sin\alpha=\dfrac{12}{13}$ 且 $\alpha$ 是第二象限角，求 $\cos\alpha,\tan\alpha$ 的值．

6. 求函数 $y = 4\tan\left(2x + \dfrac{\pi}{3}\right)$ 的周期、定义域.

7. 已知函数 $y = \sqrt{3}\sin 2x - \cos 2x$,请将该函数化为正弦型三角函数,并指出该函数的周期、最值和单调区间.

## 复 习 题 B

1. 判断题:

   (1) 如果 $\alpha$ 是第一象限的角,那么 $2\alpha$ 是第二象限的角. ( )

   (2) 如果 $\cos\alpha = \cos\beta$,那么 $\alpha = \beta$. ( )

   (3) $\sqrt{1 - \cos^2\alpha} = \sin\alpha$ ($\alpha$ 是任意的角). ( )

   (4) 已知 $0 < \alpha < \dfrac{\pi}{4}$,那么 $\sqrt{1 - \sin 2\alpha} = \cos\alpha - \sin\alpha$. ( )

   (5) 因为 $\cos\left(-\dfrac{\pi}{4}\right) = \dfrac{\sqrt{2}}{2}$,所以 $-\dfrac{\pi}{4} = \arccos\dfrac{\sqrt{2}}{2}$. ( )

2. 填空题:

   (1) 在半径为 1 的圆上,一段弧所对的弦长为 1,那么这段弧长为_____.

   (2) 与角 $-105°$ 终边相同的角的集合是_____,其中在 $-360°$ 和 $360°$ 之间的角是_____.

   (3) 已知点 $P\left(-\cos\dfrac{\pi}{3}, \sin\dfrac{\pi}{3}\right)$ 是角 $\alpha$ 终边上的一点,那么 $\sin\alpha$, $\cos\alpha$, $\tan\alpha$, $\cot\alpha$ 的值分别为_____,_____,_____,_____.

   (4) 如果 $\cos\alpha \cdot \tan\alpha < 0$,那么 $\alpha$ 是第_____象限的角.

   (5) 已知 $\alpha$ 是第二象限的角,那么化简 $\cos\alpha \cdot \csc\alpha \cdot \sqrt{\sec^2\alpha - 1}$ 的结果是_____.

   (6) 已知 $\tan\alpha = \sqrt{5}$, $\alpha \in \left(\pi, \dfrac{3}{2}\pi\right)$,那么 $\cos\alpha - \sin\alpha$ 的值是_____.

   (7) 已知 $\sin(\pi + \alpha) = \dfrac{1}{2}$,那么 $\cos\alpha$, $\tan\alpha$ 的值分别是_____,_____.

   (8) $\sin 23°\cos 37° + \cos 23°\sin 37°$ 的值是_____;$\sin 46°\cos 16° - \cos 46°\sin 16°$ 的值是_____;$\tan(-165°)$ 的值是_____.

(9) 已知 $\sin\alpha + \cos\alpha = \dfrac{2}{3}$，那么 $\sin 2\alpha$ 的值是_____；已知 $\cos 2\theta = \dfrac{1}{3}$，那么 $\sin^4\theta - \cos^4\theta$ 的值是_____；$\dfrac{2\tan 67.5°}{1-\tan^2 67.5°}$ 的值是_____.

(10) 在区间 $[0, 2\pi]$ 上，使 $\sin x > 0$ 的 $x$ 值的集合是_____.

(11) 已知 $x \in [0, 2\pi]$，那么 $y = \sin x$ 和 $y = \cos x$ 均单调增加的区间是_____，均单调减少的区间是_____.

(12) 函数 $y = \tan\dfrac{x}{3}$ 的定义域是_____；函数 $y = \dfrac{1}{\sin x}$ 的定义域是_____.

(13) 函数 $y = 100\sin\left(\dfrac{1}{3}x + \dfrac{\pi}{6}\right)$ 的周期是_____.

(14) $3\arcsin\left(-\dfrac{1}{2}\right) + 2\arccos(-1) - \arctan\sqrt{3}$ 的值是_____；$\sin\left[2\arcsin\dfrac{\sqrt{3}}{2}\right] - \cos\left[\dfrac{1}{2}\arccos\left(-\dfrac{1}{2}\right)\right]$ 的值是_____.

(15) 方程 $\sqrt{2}\cos 2x - 1 = 0$ 的通解是_____.

3. 选择题：

(1) 下列命题中，正确的是( ).

　　A. 小于 $90°$ 的角是锐角

　　B. 第二象限的角是钝角

　　C. 终边相同的角必相等

　　D. 终边相同的角的同名三角函数值相等

(2) 设角 $\alpha$ 的终边在第三象限，下列各式中符号一定为正的是( ).

　　A. $\sin\alpha + \cos\alpha$　　　　B. $\cos\alpha - \cot\alpha$

　　C. $\tan\alpha - \sin\alpha$　　　　D. $\cot\alpha + \sin\alpha$

(3) 已知在单位圆上，角 $\alpha$ 的终边与单位圆交点的纵坐标等于 $\dfrac{1}{2}$，那么 $\alpha$ 等于( ).

　　A. $\dfrac{\pi}{6}$　　　　　　　　B. $\dfrac{\pi}{6} + 2k\pi\ (k \in \mathbf{Z})$

　　C. $\dfrac{\pi}{6}$ 或 $\dfrac{5\pi}{6}$　　　　D. $\dfrac{\pi}{6} + 2k\pi$ 或 $\dfrac{5\pi}{6} + 2k\pi\ (k \in \mathbf{Z})$

(4) 下列区间中,函数 $y=\sin x$ 的值单调减少且函数值为正的是( ).

　　A. $\left(0,\dfrac{\pi}{2}\right)$　　　　　B. $\left(\dfrac{\pi}{2},\pi\right)$

　　C. $\left(\pi,\dfrac{3\pi}{2}\right)$　　　　　D. $\left(\dfrac{3\pi}{2},2\pi\right)$

(5) 下列各式中正确的是( ).

　　A. $\arctan\dfrac{\pi}{4}=1$　　　　　B. $\sin\left(\arcsin\dfrac{\pi}{3}\right)=\dfrac{\pi}{3}$

　　C. $\tan\left[2\arcsin\left(-\dfrac{1}{2}\right)\right]=-\sqrt{3}$　　D. $\sin\left[\arccos\left(-\dfrac{1}{2}\right)\right]=-\dfrac{\sqrt{3}}{2}$

4. 写出与下列各角终边相同的角的集合 $S$,并把 $S$ 中适合不等式 $-2\pi\leqslant\beta\leqslant4\pi$ 的元素 $\beta$ 写出来.

　　(1) $-\dfrac{19}{5}\pi$;　　(2) $\dfrac{15}{3}\pi$;　　(3) $-\dfrac{8}{7}\pi$;　　(4) $\dfrac{7}{4}\pi$.

5. 确定下列三角函数值的符号:

　　(1) $\sin 4$;　　(2) $\cos 5$;　　(3) $\tan 8$;　　(4) $\tan(-3)$.

6. 已知 $\cos\varphi=\dfrac{1}{4}$,求 $\sin\varphi,\tan\varphi$.

7. 已知 $\sin x=2\cos x$,求角 $x$ 的三个三角函数值.

8. 用 $\cos\alpha$ 表示 $\sin^4\alpha-\sin^2\alpha+\cos^2\alpha$.

9. 已知 $\sin(\pi+\alpha)=-\dfrac{1}{2}$,计算:

　　(1) $\cos(2\pi-\alpha)$;　　　　　(2) $\tan(\alpha-7\pi)$.

10. 用"五点作图法"作出下列函数在一个周期上的图象,并指出函数的最大值、最小值以及周期:

　　(1) $y=2-3\cos x$;　　　　　(2) $y=2\sin 2x-1$.

11. 已知 $\alpha$ 是第四象限的角,确定下列各角的终边所在的位置:

　　(1) $\dfrac{\alpha}{2}$;　　　　　(2) $\dfrac{\alpha}{3}$;　　　　　(3) $2\alpha$.

12. 一个扇形的弧长与面积的数值都是 5,求这个扇形圆心角的度数.

13. 已知 $\tan\alpha=-\dfrac{1}{3}$,计算:

　　(1) $\dfrac{\sin\alpha+2\cos\alpha}{5\cos\alpha-\sin\alpha}$;　　　　　(2) $\dfrac{1}{2\sin\alpha\cos\alpha+\cos^2\alpha}$.

# 第6章 数 列

数列是一种特殊的函数,它不仅是初等数学的重要内容,而且是进一步学习高等数学的基础.数列在日常生活与科学技术领域有着广泛的应用,它能帮助我们解决投资分配、储蓄贷款以及资源合理利用等多方面的问题.

## §6.1 数 列

### 1. 数列的概念

我们先看下面的例子:

(1) 大于 3 且小于 11 的自然数由小到大排成一列:
$$4,5,6,7,8,9,10.$$

(2) 自然数 $1,2,3,4,5,\cdots$ 的倒数排成一列:
$$1,\frac{1}{2},\frac{1}{3},\frac{1}{4},\frac{1}{5},\cdots.$$

(3) 一个细胞在一昼夜内分裂八次(一个分裂成两个),记录每次分裂后所得到的细胞的个数,并按其先后次序排成一列:
$$2,4,8,16,32,64,128,256.$$

(4) 将 π 的不足近似值按所保留的位数自少到多排成一列:
$$3,3.1,3.14,3.141,\cdots.$$

(5) 无穷多个 1 排成一列:
$$1,1,1,1,\cdots.$$

上述例子中,按一定次序排列的一列数称为数列.数列中的每一个数称为这个数列的项,排在第一位的数称为这个数列的第 1 项(通常也叫作首项),

排在第二位的数称为这个数列的第 2 项……排在第 $n$ 位的数称为这个数列的第 $n$ 项.

对于上面的数列(1),每一项与它的项数有下面的对应关系:

| 项 | 4 | 5 | 6 | 7 | 8 | 9 | 10 |
|---|---|---|---|---|---|---|---|
| 项数 | 1 | 2 | 3 | 4 | 5 | 6 | 7 |

一般地,一个数列可写成如下形式:
$$a_1, a_2, a_3, \cdots, a_n, \cdots,$$
其中 $a_n$ 是数列的第 $n$ 项.这个数列通常简记为 $\{a_n\}$.

数列 $\{a_n\}$ 可以看作是一个定义在正整数集 $\mathbf{N}^+$(或其子集)上的函数,这时可以写成数列 $\{f(n)\}$,其中 $a_n = f(n)$.例如,把上面的数列(2)简记为 $\left\{\dfrac{1}{n}\right\}$.

## 2. 数列的通项

数列 $\{a_n\}$ 的第 $n$ 项 $a_n$ 关于 $n$ 的表达式 $a_n = f(n)$ 称为这个<u>数列的通项公式</u>.例如,数列(1)的通项公式是 $a_n = n+3 (n \leqslant 7)$,数列(2)的通项公式是 $a_n = \dfrac{1}{n}$,数列(3)的通项公式是 $a_n = 2^n (n=1,2,3,\cdots,8)$,数列(5)的通项公式是 $a_n = 1$ 等.但是,并非所有的数列都能写出它的通项公式,如数列(4).

如果已知一个数列的通项公式,那么只要依次用 $1, 2, 3, \cdots$ 去替代公式中的 $n$,就可以求得数列的相应项.

【例 1】根据通项公式,求出下面各数列的前 5 项:

(1) $a_n = \dfrac{n}{n+1}$;      (2) $a_n = (-1)^n n$.

**解** (1) 在通项公式中依次取 $n = 1, 2, 3, 4, 5$,得到数列的前 5 项为
$$\dfrac{1}{2}, \dfrac{2}{3}, \dfrac{3}{4}, \dfrac{4}{5}, \dfrac{5}{6};$$

(2) 在通项公式中依次取 $n = 1, 2, 3, 4, 5$,得到数列的前 5 项为
$$-1, 2, -3, 4, -5.$$

【例 2】写出以下各数列的通项公式:

(1) $1, 3, 5, 7, 9, \cdots$;

(2) $1, -\dfrac{1}{2}, \dfrac{1}{3}, -\dfrac{1}{4}, \dfrac{1}{5}, \cdots$.

**解** (1) 数列的前 5 项 $1, 3, 5, 7, 9$ 都是序号的 2 倍减 1,所以通项公式为

$a_n = 2n - 1$.

(2) 数列的每一项的绝对值都是序号的倒数,并且奇数项数值为正,偶数项数值为负,所以它的通项公式为 $a_n = (-1)^{n+1} \dfrac{1}{n}$.

**练习**

1. 根据下面数列 $\{a_n\}$ 的通项公式,写出它的前 5 项,并写出第 7 项与第 10 项.

(1) $a_n = \dfrac{1}{n^3}$;  (2) $a_n = n(n+2)$;

(3) $a_n = \sin \dfrac{n\pi}{2}$;  (4) $a_n = 1 + 2 + 3 + \cdots + n$.

2. 写出数列的一个通项公式,使它的前 4 项分别是下列各数.

(1) $2, 4, 6, 8$;

(2) $15, 25, 35, 45$;

(3) $-\dfrac{1}{2}, \dfrac{1}{4}, -\dfrac{1}{8}, \dfrac{1}{16}$;

(4) $1 - \dfrac{1}{2}, \dfrac{1}{2} - \dfrac{1}{3}, \dfrac{1}{3} - \dfrac{1}{4}, \dfrac{1}{4} - \dfrac{1}{5}$.

3. 观察下面数列的特点,在横线上填上适当的数,并写出它们的一个通项公式:

(1) $2, 4, \underline{\qquad}, 8, 10, \underline{\qquad}, 14$;

(2) $2, 4, \underline{\qquad}, 16, 32, \underline{\qquad}, 128$;

(3) $\underline{\qquad}, 4, 9, 16, 25, \underline{\qquad}, 49$;

(4) $\underline{\qquad}, 4, 3, 2, 1, \underline{\qquad}, -1, \underline{\qquad}$;

(5) $1, \sqrt{2}, \underline{\qquad}, 2, \sqrt{5}, \underline{\qquad}, \sqrt{7}$.

## 3. 递推数列

先看下列数列:

$$1, 3, 7, 15, 31, \cdots.$$

通过观察我们发现,第 2 项是第 1 项的 2 倍加 1,第 3 项是第 2 项的 2 倍加 1,第 4 项是第 3 项的 2 倍加 1,依次类推,即

$$a_2 = 2a_1 + 1,$$

$$a_3 = 2a_2 + 1,$$
$$a_4 = 2a_3 + 1,$$
$$……$$
$$a_n = 2a_{n-1} + 1,$$
$$……$$

像这样,一个数列 $\{a_n\}$ 的第 $n$ 项 $a_n$ 与它前面若干项之间的关系可以用一个式子表示,那么这个式子称为这个数列的**递推公式**.由递推公式给出的数列称为**递推数列**.

【例 3】已知数列 $\{a_n\}$ 满足下列递推关系:

$$\begin{cases} a_1 = 1; \\ a_n = 1 + \dfrac{1}{a_{n-1}}, & n \geqslant 2. \end{cases}$$

写出这个数列的前 5 项.

**解** 由题意可知

$$a_1 = 1,$$
$$a_2 = 1 + \frac{1}{a_1} = 1 + \frac{1}{1} = 2,$$
$$a_3 = 1 + \frac{1}{a_2} = 1 + \frac{1}{2} = \frac{3}{2},$$
$$a_4 = 1 + \frac{1}{a_3} = 1 + \frac{2}{3} = \frac{5}{3},$$
$$a_5 = 1 + \frac{1}{a_4} = 1 + \frac{3}{5} = \frac{8}{5}.$$

**练习**

1. 写出下面数列的前 5 项:

   (1) $a_1 = 5, a_n = a_{n-1} + 3 \ (n > 1)$;

   (2) $a_1 = 2, a_n = 2a_{n-1} \ (n \geqslant 2)$;

   (3) $a_1 = 1, a_n = a_{n-1} + \dfrac{2}{a_{n-1}} \ (n > 1)$.

## 4. 数列的分类

按照项数是有限还是无限来分:项数有限的数列叫作**有穷数列**,项数无限的数列叫作**无穷数列**. 例如, 1,3,5,7,9 为有穷数列, 1,3,5,7,9,… 为无穷数列.

按照项与项之间的大小关系来分:

(1) 从第 2 项起, 每一项都大于它的前一项的数列叫作**递增数列**;

(2) 从第 2 项起, 每一项都小于它的前一项的数列叫作**递减数列**;

(3) 各项相等的数列叫作**常数列**;

(4) 从第 2 项起, 有些项大于它的前一项, 有些项小于它的前一项的数列叫作**摆动数列**.

例如, 1,2,3,4,… 为递增数列; -1,-2,-3,… 为递减数列; 7,7,7,7,… 为常数列; -1,1,2,-2,… 为摆动数列.

按各项的绝对值是否都不超过某一正数来分:

(1) 每一项的绝对值都小于某一正数的数列叫作**有界数列**;

(2) 没有这样的正数存在的数列叫作**无界数列**.

例如, $1, \frac{1}{2}, \frac{1}{3}, \frac{1}{4}, \frac{1}{5}, \cdots$ 为有界数列, 每一项都不超过 1; 1,2,3,4,5,… 为无界数列.

 练习

1. 在下列无穷数列中, 指出哪些是递增数列, 哪些是递减数列, 哪些是摆动数列, 哪些是常数列.

(1) $\frac{1}{1^2}, \frac{1}{2^2}, \frac{1}{3^2}, \frac{1}{4^2}, \cdots$;

(2) $1, -2, 3, -4, \cdots$;

(3) $\sqrt{1}, \sqrt{2}, \sqrt{3}, \sqrt{4}, \cdots$;

(4) $1-2, 2-3, 3-4, 4-5, \cdots$;

(5) $1-\frac{1}{2}, \frac{1}{2}-\frac{1}{3}, \frac{1}{3}-\frac{1}{4}, \frac{1}{4}-\frac{1}{5}, \cdots$;

(6) $9, 99, 999, 9999, \cdots$.

 习题 6.1

1. 写出下列各数列的前 5 项及其通项公式:

(1) 从小到大排列的所有正奇数；

(2) 从小到大排列的所有自然数的平方；

(3) 从小到大排列的所有 2 的正整数幂.

2. 已知下列数列的通项公式,写出它的前 6 项：

(1) $a_n=3n$；　　　　　(2) $a_n=\dfrac{n}{2n+1}$；

(3) $a_n=(-1)^{n+1}(n^2+1)$；　(4) $a_n=(-1)^n\dfrac{n+1}{n}$.

3. 写出下面数列 $\{a_n\}$ 的前 5 项：

(1) $a_1=\dfrac{1}{2}, a_n=4a_{n-1}+1\ (n>1)$；

(2) $a_1=-\dfrac{1}{4}, a_n=1-\dfrac{1}{a_{n-1}}\ (n>1)$；

(3) $a_1=3, a_2=6, a_{n+1}=a_n-2a_{n-1}(n>1)$.

4. 已知数列 $f(n)=n(n+2)$,下列各数是不是这个数列的项？如果是,是第几项？

(1) 80;　(2) 100;　(3) 120;　(4) 255.

5. 已知数列 $\{a_n\}$ 的第 1 项是 1,第 2 项是 2,以后各项由 $a_n=a_{n-1}+a_{n-2}$ $(n>2)$ 给出.

(1) 写出这个数列的前 5 项；

(2) 利用上面的数列 $\{a_n\}$,通过公式 $b_n=\dfrac{a_{n+1}}{a_n}$ 构造一个新的数列 $\{b_n\}$,试写出数列 $\{b_n\}$ 的前 5 项.

# §6.2　等差数列

## 1. 等差数列及其通项公式

观察下面三个数列：

(1) 4,5,6,7,8,9,10,…；

(2) 2,4,6,8,10,12,14,…；

(3) $8, 3, -2, -7, -12, \cdots$.

通过观察,我们发现这些数列有一个共同的特点:从第 2 项起,每一项与它的前一项之差都等于同一个常数.在数列(1)中这个常数是 1,在数列(2)中这个常数是 2,在数列(3)中这个常数是 $-5$.

一般地,如果一个数列从第 2 项起,每一项与它的前一项的差等于同一个常数,那么这个数列就叫作 等差数列,这个常数叫作等差数列的 公差,公差常用字母 $d$ 表示.

例如:

(1) 数列 $1, 3, 5, 7, \cdots$ 是等差数列,公差是 2,即 $d=2$;

(2) 数列 $0, -5, -10, -15, \cdots$ 是等差数列,公差是 $-5$,即 $d=-5$;

(3) 数列 $3, 3, 3, 3, \cdots$ 是等差数列,公差是 0,即 $d=0$.

由此可以看出: $d>0$ 时是递增数列, $d<0$ 时是递减数列, $d=0$ 时是常数列.

一般地,如果等差数列 $\{a_n\}$ 的首项是 $a_1$,公差是 $d$,那么根据等差数列的定义,可以得到

$$a_2-a_1=d, a_3-a_2=d, a_4-a_3=d, \cdots,$$

所以
$$a_2=a_1+d,$$
$$a_3=a_2+d=(a_1+d)+d=a_1+2d,$$
$$a_4=a_3+d=(a_1+2d)+d=a_1+3d,$$
$$\cdots\cdots$$

由此可知,等差数列的通项公式是

$$a_n=a_1+(n-1)d.$$

【例 1】(1) 已知等差数列的首项为 5,公差为 $\dfrac{2}{3}$,求这个数列的第 40 项;

(2) 求等差数列 $8, 5, 2, \cdots$ 的第 20 项.

**解** (1) 根据题意, $a_1=5, d=\dfrac{2}{3}, n=40$,所以

$$a_{40}=a_1+(40-1)d=5+39\times\dfrac{2}{3}=31.$$

(2) 根据题意, $a_1=8, a_2=5, n=20$,所以

$$d=a_2-a_1=5-8=-3,$$
$$a_{20}=a_1+(20-1)d=8+19\times(-3)=-49.$$

【例2】已知等差数列中 $a_1=3, d=2, a_n=21$,求数列的项数 $n$.

**解** 根据公式 $a_n=a_1+(n-1)d$ 得
$$21=3+(n-1)\times 2,$$
所以 $n-1=9$,即 $n=10$.

【例3】(1) 等差数列 $-5,-9,-13,\cdots$ 的第几项是 $-401$?

(2) $-53$ 是不是这个等差数列的项?

**解** (1) 根据题意,$a_1=-5, d=-9-(-5)=-4, a_n=-401$,由数列的通项公式 $a_n=a_1+(n-1)d$ 得
$$-401=-5+(n-1)\times(-4),$$
解这个方程,得
$$n=100.$$
所以这个等差数列的第 100 项是 $-401$.

(2) 设这个方程的第 $n$ 项是 $-53$,即 $a_n=-53$,根据通项公式 $a_n=a_1+(n-1)d$,得方程
$$-53=-5+(n-1)\times(-4),$$
解这个方程,得
$$n=13.$$
所以 $-53$ 是这个等差数列的第 13 项.

【例4】已知一个等差数列的第 3 项是 5,第 8 项是 20,求它的第 25 项.

**解** 根据题意,$a_3=5, a_8=20$,根据通项公式,得
$$\begin{cases} a_1+(3-1)d=5, \\ a_1+(8-1)d=20, \end{cases}$$
整理得
$$\begin{cases} a_1+2d=5, \\ a_1+7d=20, \end{cases}$$
解此方程组得
$$a_1=-1, d=3.$$
所以
$$a_{25}=-1+(25-1)\times 3=71.$$

【例5】在 3 与 7 之间插入一个数 $A$,使 $3, A, 7$ 成等差数列.

**解** 因为 $3, A, 7$ 成等差数列,所以
$$A-3=7-A,$$

$$2A=10,$$
$$A=5.$$

一般地,如果在 $a$ 与 $b$ 中间插入一个数 $A$,使 $a,A,b$ 成等差数列,那么 $A$ 叫作 $a$ 与 $b$ 的**等差中项**.

如果 $A$ 是 $a$ 与 $b$ 的等差中项,那么 $A-a=b-A$,所以
$$A=\frac{a+b}{2}.$$

【例 6】求 9 与 11 的等差中项.

**解** $A=\frac{1}{2}\times(9+11)=10.$

练习

1. (1) 求等差数列 $3,7,11,\cdots$ 的第 $4,7,10$ 项;

  (2) 求等差数列 $10,8,6,\cdots$ 的第 $20$ 项;

  (3) 求等差数列 $2,9,16,\cdots$ 的第 $n$ 项;

  (4) 求等差数列 $0,-3\frac{1}{2},-7,\cdots$ 的第 $n+1$ 项.

2. 在等差数列 $\{a_n\}$ 中:

  (1) 已知 $d=-\frac{1}{3},a_7=8$,求 $a_1$;

  (2) 已知 $a_1=12,a_6=27$,求 $d$;

  (3) 已知 $a_1=3,a_n=21,d=2$,求 $n$;

  (4) 已知 $a_4=10,a_7=19$,求 $a_1$ 与 $d$.

3. 求下列各组数的等差中项:

  (1) $48,-36$;

  (2) $\frac{1}{2},\frac{2}{3}$;

  (3) $\sqrt{3}+\sqrt{2},\sqrt{3}-\sqrt{2}$;

  (4) $(a+b)^2,(a-b)^2$.

## 2. 等差数列的前 $n$ 项和公式

一般地,我们称
$$a_1+a_2+a_3+\cdots+a_n$$

为数列$\{a_n\}$的前 $n$ 项和,用 $S_n$ 表示,即
$$S_n = a_1 + a_2 + a_3 + \cdots + a_n.$$
根据等差数列的通项公式,上式可以写成
$$S_n = a_1 + (a_1 + d) + (a_1 + 2d) + \cdots + [a_1 + (n-1)d], \tag{6-1}$$
把(6-1)式右端各项次序倒过来,$S_n$ 又可写成
$$S_n = a_n + (a_n - d) + (a_n - 2d) + \cdots + [a_n - (n-1)d], \tag{6-2}$$
把(6-1)和(6-2)两式分别相加得
$$2S_n = (a_1 + a_n) + (a_1 + a_n) + \cdots + (a_1 + a_n) = n(a_1 + a_n),$$
由此得到等差数列$\{a_n\}$的前 $n$ 项和的公式
$$S_n = \frac{n}{2}(a_1 + a_n).$$

若在 $S_n = \frac{n}{2}(a_1 + a_n)$ 中,把 $a_n = a_1 + (n-1)d$ 代入,则得到公式的另一种形式
$$S_n = na_1 + \frac{n(n-1)}{2}d.$$

【例 7】 在以下的等差数列中,

(1) 已知 $a_1 = 3, a_{10} = -\frac{3}{2}$,求 $S_{10}$;

(2) 已知 $a_1 = 3, d = -\frac{1}{2}$,求 $S_{10}$.

**解** (1) 把 $a_1 = 3, a_{10} = -\frac{3}{2}, n = 10$ 代入公式 $S_n = \frac{n}{2}(a_1 + a_n)$,得
$$S_{10} = \frac{10}{2} \times \left[3 + \left(-\frac{3}{2}\right)\right] = 7\frac{1}{2}.$$

(2) 把 $a_1 = 3, d = -\frac{1}{2}, n = 10$ 代入公式 $S_n = na_1 + \frac{n(n-1)}{2}d$,得
$$S_{10} = 10 \times 3 + \frac{10(10-1)}{2} \times \left(-\frac{1}{2}\right) = 7\frac{1}{2}.$$

【例 8】 在等差数列中,已知 $a_1 = 15, d = -2, S_n = -17$,求项数 $n$.

**解** 把已知数据代入公式 $S_n = na_1 + \frac{n(n-1)}{2}d$,得
$$-17 = 15n + \frac{n(n-1)}{2} \times (-2),$$

化简后得
$$n^2-16n-17=0,$$
解得
$$n=17, n=-1(不合题意,舍去),$$
即
$$n=17.$$

**【例9】** 已知等差数列中 $d=2, a_n=1, S_n=-8$,求 $a_1$ 和 $n$.

**解** 根据公式 $a_n=a_1+(n-1)d$ 和公式 $S_n=\dfrac{n}{2}(a_1+a_n)$ 得方程组

$$\begin{cases} a_1+2(n-1)=1, & \text{(6-3)} \\ n(a_1+1)=-16. & \text{(6-4)} \end{cases}$$

由(6-3)得
$$a_1=3-2n,$$
把它代入(6-4),化简得
$$n^2-2n-8=0,$$
解得
$$n=4, n=-2(不合题意,舍去),$$
所以 $n=4$,从而 $a_1=-5$.

**练习**

1. 根据下列各组条件,求相应的等差数列 $\{a_n\}$ 的前 $n$ 项和 $S_n$:
    (1) $a_1=5, a_n=95, n=10$;
    (2) $a_1=100, d=-2, n=50$;
    (3) $a_1=\dfrac{2}{3}, a_n=-\dfrac{3}{2}, n=14$;
    (4) $a_1=14.5, a_n=32, d=0.7$.

2. 已知等差数列 $5, 9, 13, 17, \cdots$ 的前 $n$ 项和为 $152$,求 $n$.

3. 设等差数列 $\{a_n\}$ 的通项公式是 $a_n=3n-2$,求它的前 $n$ 项和公式.

## 习题 6.2

1. 填空题：

   (1) $4,8,12,16$，则 $a_n=$ _____；

   (2) $0,-2,-4,-6$，则 $a_n=$ _____；

   (3) $\dfrac{2}{1},\dfrac{3}{2},\dfrac{4}{3},\dfrac{5}{4}$，则 $a_n=$ _____；

   (4) $-\dfrac{1}{2\times 1},\dfrac{1}{2\times 2},-\dfrac{1}{2\times 3},\dfrac{1}{2\times 4}$，则 $a_n=$ _____；

   (5) $1,\dfrac{1}{4},\dfrac{1}{9},\dfrac{1}{16}$，则 $a_n=$ _____；

   (6) $\sqrt[3]{1},-\sqrt[3]{2},\sqrt[3]{3},-\sqrt[3]{4}$，则 $a_n=$ _____.

2. 选择题：

   (1) 在等差数列 $\{a_n\}$ 中 $a_2+a_{11}=24$，则 $a_6+a_7$ 的值为（　　）.

   A. 24　　B. 23　　C. 22　　D. 无法确定

   (2) $-4$ 与 $8$ 的等差中项为（　　）.

   A. 4　　B. 2　　C. 0　　D. $-2$

   (3) 已知 $\dfrac{3}{2},-\dfrac{3}{2},x$ 成等差数列，则 $x=$（　　）.

   A. 0　　B. $-\dfrac{9}{4}$　　C. $-\dfrac{9}{2}$　　D. $\dfrac{9}{2}$

   (4) 已知等差数列 $n=10,a_1=-1,S_n=45$，则 $a_n=$（　　）.

   A. 10　　B. 9　　C. 8　　D. 7

3. 已知无穷数列 $1\times 2,2\times 3,3\times 4,4\times 5,\cdots,n(n+1),\cdots$，则 $a_{10}=$ _____，$a_{31}=$ _____，$a_{48}=$ _____，这个数列的第 _____ 项是 420.

4. 由下列等差数列的通项公式，求首项 $a_1$ 和公差 $d$：

   (1) $a_n=3n+6$；　　(2) $a_n=-2n+7$.

5. 根据下列各组条件，求相应的等差数列 $\{a_n\}$ 的未知数：

   (1) $d=4,n=12,S_n=240$，求 $a_1$ 和 $a_n$；

   (2) $a_1=-3,d=2,S_n=12$，求 $n$ 和 $a_n$；

   (3) $a_1=20,a_n=54,S_n=666$，求 $d$ 和 $n$；

   (4) $d=2,n=15,a_n=-10$，求 $a_1$ 和 $S_n$.

6. 在8与36之间插入6个数,使它们同这两个数成等差数列,求这6个数.

7. 一个剧场设置了20排座位,第一排有38个座位,往后每一排都比前一排多2个座位.请问这个剧场一共设置了多少个座位.

8. (1) 求等差数列 $10,7,4,\cdots,-47$ 的各项的和;

   (2) 在首项为30,公差为 $-2$ 的等差数列中,前几项的和是228?

9. (1) 某等差数列的通项公式是 $a_n = -3n-2$,求它的前 $n$ 项和的公式;

   (2) 某等差数列前 $n$ 项和的公式是 $S_n = 5n^2 + 3n$,求它的前3项及通项公式.

10. 一个等差数列的第6项是5,第3项与第8项的和也是5.求这个等差数列前9项的和.

11. 三个数成等差数列,它们的和为18,它们的平方和为116,求这三个数.

12. 甲、乙两人都住在和平街的同一侧,这一侧的门牌号码是连续的奇数,甲住11号,乙住179号,甲、乙两人的住处相隔几个门?

## §6.3 等比数列

### 1. 等比数列及其通项公式

我们先看下面的数列:

(1) $1,2,4,8,16,\cdots$;

(2) $\dfrac{1}{2},\dfrac{1}{4},\dfrac{1}{8},\dfrac{1}{16},\dfrac{1}{32},\cdots$;

(3) $1,-\dfrac{1}{3},\dfrac{1}{9},-\dfrac{1}{27},\dfrac{1}{81},\cdots$.

在这些数列中,从第2项起,每一项与它前面一项的比都等于同一个不等于零的常数.在数列(1)中,这个常数是 $\dfrac{2}{1} = \dfrac{4}{2} = \cdots = 2$;在数列(2)中,这个常数是 $\dfrac{1}{2}$;在数列(3)中,这个常数是 $-\dfrac{1}{3}$.

一般地,如果一个数列从第 2 项起,每一项与它的前一项的比都等于同一个常数,那么这个数列就叫作**等比数列**,这个常数叫作等比数列的**公比**,公比通常用字母 $q(q\neq 0)$ 表示.

上面的三个数列都是等比数列.在(1)中,$q=2$;在(2)中,$q=\dfrac{1}{2}$;在(3)中,$q=-\dfrac{1}{3}$.

由上面三个数列可以看出,对首项 $a_1>0$ 的等比数列来说,公比 $q>1$ 时,数列是递增的,如数列(1);公比 $0<q<1$ 时,数列是递减的,如数列(2);公比 $q<0$ 时,数列是摆动的,如数列(3).类似地可以讨论首项 $a_1<0$ 时的各种情形.显然,公比 $q=1$ 时,数列是常数列.

如果数列 $\{a_n\}$ 是等比数列,公比为 $q$,那么由等比数列的定义,可知

$$q=\frac{a_2}{a_1}=\frac{a_3}{a_2}=\frac{a_4}{a_3}=\cdots=\frac{a_n}{a_{n-1}}=\cdots,$$

所以

$$a_2=a_1q,$$
$$a_3=a_2q=a_1q^2,$$
$$a_4=a_3q=a_2q^2=a_1q^3,$$
$$\cdots\cdots$$

由此可知,**等比数列的通项公式**是

$$a_n=a_1q^{n-1}.$$

例如,数列(1)首项是 1,公比是 2,通项公式为 $a_n=2^{n-1}$;数列(2)首项是 $\dfrac{1}{2}$,公比是 $\dfrac{1}{2}$,通项公式为 $a_n=\dfrac{1}{2}\times\left(\dfrac{1}{2}\right)^{n-1}=\left(\dfrac{1}{2}\right)^n$;数列(3)首项是 1,公比是 $-\dfrac{1}{3}$,通项公式为 $a_n=\left(-\dfrac{1}{3}\right)^{n-1}.$

**【例 1】** 求下面等比数列的公比和第 10 项:

(1) $1,-2,4,-8,16,\cdots$;

(2) $\sqrt{3},3,3\sqrt{3},9,9\sqrt{3},\cdots$.

**解** (1) $q=\dfrac{-2}{1}=-2$,所以

$$a_{10}=1\times(-2)^{10-1}=-512.$$

(2) $q=\dfrac{3}{\sqrt{3}}=\sqrt{3}$,所以
$$a_{10}=\sqrt{3}\times(\sqrt{3})^{10-1}=243.$$

**【例2】** 已知等比数列中,$a_1=3$,$q=2$,$a_n=48$,求项数 $n$.

**解** 把已知数据代入公式 $a_n=a_1q^{n-1}$,得
$$48=3\times 2^{n-1},$$
$$2^{n-1}=16\ \text{即}\ 2^{n-1}=2^4,$$
$$n-1=4,$$
$$n=5.$$

**【例3】** 某厂今年的产值是 10 万元,计划再经过三年的努力达到 17.28 万元.如果每年增产的百分数相同,求该厂连续三年增产的百分数.

**解** 设所求百分数为 $x$,则包括今年在内,四年的产值可列为数列:
$$10,10(1+x),10(1+x)^2,10(1+x)^3.$$
这是一个等比数列,其中 $a_1=10$, $q=1+x$, $a_4=10(1+x)^3$.

根据题意,有方程
$$10(1+x)^3=17.28,$$
$$1+x=\sqrt[3]{1.728},$$
$$x=0.2.$$

所以该厂连续三年增产的百分数是 20%.

**【例4】** 在 81 和 1 之间插入三个正数,使它们和这两个数依次构成等比数列,求这三个数.

**解** 设公比为 $q$,数列为
$$81,a_2,a_3,a_4,1.$$
由题设知
$$81\cdot q^4=1,$$
$$q^4=\dfrac{1}{81},$$
$$q^2=\pm\dfrac{1}{9},$$

而 $q^2=-\dfrac{1}{9}$ 没有实数根,则由 $q^2=\dfrac{1}{9}$,得
$$q=\pm\dfrac{1}{3}.$$

因为 $q=-\dfrac{1}{3}$ 不合题意,所以只取 $q=\dfrac{1}{3}$,则

$$a_2=81\times\dfrac{1}{3}=27,$$

$$a_3=27\times\dfrac{1}{3}=9,$$

$$a_4=9\times\dfrac{1}{3}=3.$$

所以在 81 和 1 之间插入的三个正数依次为 27,9,3.

如果 $a,G,b$ 三个数成等比数列,那么 $G$ 叫作 $a$ 与 $b$ 的 等比中项.

根据等比数列的定义,得

$$\dfrac{G}{a}=\dfrac{b}{G},$$

即

$$G^2=ab\ (ab>0).$$

【例 5】 求 $\dfrac{\sqrt{5}+\sqrt{3}}{2}$ 与 $\dfrac{\sqrt{5}-\sqrt{3}}{2}$ 的等比中项.

**解** 利用公式 $G^2=ab$,得

$$G^2=\dfrac{\sqrt{5}+\sqrt{3}}{2}\times\dfrac{\sqrt{5}-\sqrt{3}}{2}=\dfrac{1}{2},$$

即所求等比中项为 $G=\pm\dfrac{\sqrt{2}}{2}.$

 练习

1. 填空题:

(1) 已知数列是 $5,-15,45,\cdots$,则 $a_4=$ _____ ,$a_5=$ _____ ;

(2) 已知数列是 $1.2,\ 2.4,\ 4.8,\cdots$,则 $a_4=$ _____ ,$a_5=$ _____ ;

(3) 已知数列是 $\dfrac{2}{3},\dfrac{1}{2},\dfrac{3}{8},\cdots$,则 $a_4=$ _____ ,$a_5=$ _____ ;

(4) 已知数列是 $\sqrt{2},1,\dfrac{\sqrt{2}}{2},\cdots$,则 $a_4=$ _____ ,$a_5=$ _____ .

2. (1) 已知一个等比数列的 $a_2=2, a_5=54$,求 $q$;

(2) 已知一个等比数列的 $a_1=1, a_n=256, q=2$,求 $n$.

3. 求下列各组数的等比中项:

(1) $12, 300$;

(2) $7+3\sqrt{5}, 7-3\sqrt{5}$;

(3) $\dfrac{b}{a}, \dfrac{a}{b}$ $(a\neq 0, b\neq 0)$;

(4) $(a+b)^2, (a-b)^2$.

4. 在 1 与 21 中间插入两个数,使前三个数成等比数列,后三个数成等差数列. 求这两个数.

## 2. 等比数列的前 $n$ 项和公式

一般地,对于等比数列 $a_1, a_2, a_3, \cdots, a_n$,它的前 $n$ 项的和为

$$S_n = a_1 + a_2 + a_3 + \cdots + a_n.$$

根据等比数列的通项公式,上式可写成

$$S_n = a_1 + a_1 q + a_1 q^2 + \cdots + a_1 q^{n-1}, \tag{6-5}$$

(6-5)式两边同乘以 $q$,得

$$qS_n = a_1 q + a_1 q^2 + a_1 q^3 + \cdots + a_1 q^n, \tag{6-6}$$

由(6-5)-(6-6)得

$$(1-q)S_n = a_1 - a_1 q^n.$$

当公比 $q \neq 1$ 时,得等比数列的前 $n$ 项和的公式

$$S_n = \dfrac{a_1(1-q^n)}{1-q} \quad (q \neq 1),$$

由于 $a_n = a_1 q^{n-1}$,所以上面的式子还可以写成

$$S_n = \dfrac{a_1 - a_n q}{1-q} \quad (q \neq 1).$$

当公比 $q=1$ 时, $S_n = na_1$.

【例 6】求下列等比数列前 8 项的和:

(1) $1, 2, 4, \cdots$;

(2) $\dfrac{1}{2}, -\dfrac{1}{4}, \dfrac{1}{8}, \cdots$.

**解** (1) 由题可知 $a_1 = 1, q = \dfrac{2}{1} = 2$,所以由等比数列前 $n$ 项和公式得

$$S_8 = \dfrac{a_1(1-q^8)}{1-q} = \dfrac{1 \times (1-2^8)}{1-2} = 255.$$

(2) 由题可知 $a_1=\dfrac{1}{2}$, $q=\dfrac{-\dfrac{1}{4}}{\dfrac{1}{2}}=-\dfrac{1}{2}$, 所以由等比数列前 $n$ 项和公式得

$$S_8=\dfrac{a_1(1-q^8)}{1-q}=\dfrac{\dfrac{1}{2}\times\left[1-\left(-\dfrac{1}{2}\right)^8\right]}{1-\left(-\dfrac{1}{2}\right)}=\dfrac{85}{256}.$$

**【例 7】** 已知等比数列前 5 项和是 242, 公比是 3, 求此数列的前 5 项.

**解** 把 $S_5=242$, $q=3$, $n=5$ 代入公式 $S_n=\dfrac{a_1(1-q^n)}{1-q}$, 得

$$242=\dfrac{a_1(1-3^5)}{1-3},$$

$$121a_1=242,$$

$$a_1=2.$$

所以这个等比数列的前 5 项是 $2,6,18,54,162$.

**【例 8】** 某商场今年销售计算机 5000 台. 如果平均每年的销售量比上一年的销售量增加 10%, 那么从今年起, 大约几年可使总销量达到 30000 台(结果保留到个位)?

**解** 根据题意, 每年销售量比上一年增加的百分率相同. 所以, 从今年起, 每年的销售量组成一个等比数列 $\{a_n\}$, 其中

$$a_1=5000, q=1+10\%=1.1, S_n=30000,$$

代入公式 $S_n=\dfrac{a_1(1-q^n)}{1-q}$ 得

$$30000=\dfrac{5000\times(1-1.1^n)}{1-1.1},$$

整理得

$$1.1^n=1.6,$$

两边取对数得

$$n\lg 1.1=\lg 1.6,$$

$$n=\dfrac{\lg 1.6}{\lg 1.1}\approx\dfrac{0.20}{0.041}\approx 5.$$

所以大约 5 年可以使总销量达到 30000 台.

**【例 9】** 已知等比数列中 $a_1=2$, $S_3=26$, 求 $q$ 和 $a_3$.

**解** 因为 $S_3 = a_1 + a_2 + a_3$，由通项公式 $a_n = a_1 q^{n-1}$ 得
$$S_3 = a_1 + a_1 q + a_1 q^2.$$
把 $a_1 = 2, S_3 = 26$ 代入，整理得
$$q^2 + q - 12 = 0,$$
解得
$$q = -4, q = 3.$$
把 $q = -4$ 代入 $a_3 = 2q^2$ 得 $a_3 = 32$；把 $q = 3$ 代入得 $a_3 = 18$.

因此所求等比数列的 $q$ 和 $a_3$ 有下面两组解：
$$\begin{cases} q = -4, \\ a_3 = 32 \end{cases} \text{或} \begin{cases} q = 3, \\ a_3 = 18. \end{cases}$$

**【例 10】** 已知成等差数列的三个正数的和等于 15，并且这三个数分别加上 1, 3, 9 就成了等比数列，求这三个正数.

**解** 设所求三数为 $a-d, a, a+d$，按题意，有方程组
$$\begin{cases} (a-d) + a + (a+d) = 15, & (6\text{-}7) \\ (a+3)^2 = (a-d+1)(a+d+9), & (6\text{-}8) \end{cases}$$

由(6-7)得 $\qquad 3a = 15,$
即 $\qquad a = 5,$
代入(6-8)得 $\qquad 64 = (6-d)(14+d),$
$$d^2 + 8d - 20 = 0,$$
解得 $\qquad d = 2, d = -10,$

因为所求三数都是正数，所以 $d = -10$ 不合题意. 于是 $a = 5, d = 2$，所求的三个正数分别是 $3, 5, 7$.

练习

1. 在等比数列 $\{a_n\}$ 中，
   (1) 若 $a_1 = 3, q = 2, n = 6$，求 $S_6$；
   (2) 若 $S_5 = 726, q = 3$，求 $a_1$；
   (3) 若 $a_1 = 8, S_3 = 14$，求 $q$.

2. (1) 求等比数列 $1, 2, 4, \cdots$ 从第 5 项到第 10 项的和；
   (2) 求等比数列 $\dfrac{3}{2}, \dfrac{3}{4}, \dfrac{3}{8}, \cdots$ 从第 3 项到第 7 项的和.

3. 等比数列的首项是 $3\dfrac{5}{8}$，末项是 $\dfrac{1}{8}$，而各项的和是 5，求这个等比数列的公比.

## 习题 6.3

1. 已知数列 $\{a_n\}$ 是等比数列，在下表中填入适当的数：

| $a_1$ | $a_3$ | $a_5$ | $a_7$ | $q$ |
|---|---|---|---|---|
| 2 |   | 8 |   |   |
|   | 2 |   |   | 0.2 |

2. 由下列等比数列的通项公式，求首项与公比：

   (1) $a_n = 2^n$；　　　(2) $a_n = \dfrac{1}{4} \times 10^n$.

3. (1) 一个等比数列的第 9 项是 $\dfrac{4}{9}$，公比是 $-\dfrac{1}{3}$，求它的第 1 项；

   (2) 一个等比数列的第 2 项是 10，第 3 项是 20，求它的第 1 项与第 4 项.

4. (1) 求 45 与 80 的等比中项；

   (2) 已知 $b$ 是 $a$ 与 $c$ 的等比中项，且 $abc=27$，求 $b$.

5. 在等比数列 $\{a_n\}$ 中：

   (1) $a_4=27, q=-3$，求 $a_7$；

   (2) $a_2=18, a_4=8$，求 $a_1$ 与 $q$；

   (3) $a_5=4, a_7=6$，求 $a_9$.

6. 在等比数列 $\{a_n\}$ 中：

   (1) 已知 $a_1=-1.5, a_4=96$，求 $q$ 与 $S_4$；

   (2) 已知 $q=2, S_5=155$，求 $a_1$ 与 $a_5$.

7. 在等比数列 $\{a_n\}$ 中，如果 $a_7-a_5=a_6+a_5=48$，求 $a_1, q, S_{10}$.

8. 已知等比数列 $\{a_n\}$ 的前 3 项和是 $\dfrac{9}{2}$，前 6 项的和是 $\dfrac{14}{3}$，求首项 $a_1$ 与公比 $q$.

9. 求和：

   (1) $(2-1)+(2^2-2)+\cdots+(2^n-n)$；

   (2) $(2-3\times 5^{-1})+(4-3\times 5^{-2})+\cdots+(2n-3\times 5^{-n})$.

10. 三个数成等比数列，它们的和等于 14，它们的积等于 64，求此三个数.

11. 某企业今年的产值是 138 万元，计划今后每年比上一年产值增加 10%，从今年起，第 5 年这个企业的产值是多少？这 5 年的总产值是多少（精确到万元）？

## 名 词 索 引

数列 sequence of number(56)　　数列的项 sequence items(56)
数列的通项公式 the general term formula
　　　　　　　　of sequence(57)　　递推数列 recursive sequence(59)
有穷数列 finite sequence(59)　　无穷数列 infinite sequence(60)
递增数列 increasing sequence(60)　　递减数列 decreasing sequence(60)
常数列 constant sequence(60)　　摆动数列 swing sequence(60)
有界数列 bounded sequence(60)　　无界数列 unbounded sequence(60)
等差数列 arithmetic sequence(62)　　公差 common difference(62)
等差中项 arithmetic mean(64)　　等比数列 geometric sequence(69)
公比 common ratio(69)　　等比中项 geometric mean(71)

## 数 学 符 号

$a_n$　表示数列$\{a_n\}$的第$n$项.　　$d$　等差数列的公差.
$A$　等差中项.　　$S_n$　数列的前$n$项和.
$q$　等比数列的公比.　　$G$　等比中项.

## 常 用 公 式

等差数列的通项公式

$$a_n = a_1 + (n-1)d$$

等差中项公式

$$A = \frac{a+b}{2}$$

等差数列的前$n$项和公式

$$S_n = \frac{n}{2}(a_1 + a_n), \quad S_n = na_1 + \frac{n(n-1)}{2}d$$

等比数列的通项公式

$$a_n = a_1 q^{n-1}$$

等比中项公式

$$G^2 = ab \ (ab > 0)$$

等比数列的前$n$项和公式

$$S_n = \frac{a_1(1-q^n)}{1-q} \ (q \neq 1), \quad S_n = \frac{a_1 - a_n q}{1-q} \ (q \neq 1)$$

## 复习题 A

1. 选择题：

   (1) 数列 $1, 3, 7, 15, \cdots$ 的通项公式 $a_n =$（　　）.

      A. $2^n$　　　　B. $2^n + 1$　　　　C. $2^n - 1$　　　　D. $2^{n-1}$

   (2) 已知在等差数列 $\{a_n\}$ 中，$a_1 = 3, a_{17} = 35$，则公差 $d =$（　　）.

      A. 0　　　　B. $-2$　　　　C. 2　　　　D. 4

   (3) 已知等差数列 $\{a_n\}$，$a_6 = 2$，则此数列前 11 项的和 $S_{11} =$（　　）.

      A. 44　　　　B. 22　　　　C. 33　　　　D. 11

   (4) 数列 $\{a_n\}$ 的通项公式 $a_n = 2n + 5$，则这个数列（　　）.

      A. 是公差为 2 的等差数列

      B. 是公差为 5 的等差数列

      C. 是首项为 5 的等差数列

      D. 是首项为 $n$ 的等差数列

   (5) 设 $S_n$ 是数列 $\{a_n\}$ 的前 $n$ 项的和，且 $S_n = n^2$，则 $\{a_n\}$ 是（　　）.

      A. 等比数列，但不是等差数列

      B. 等差数列，但不是等比数列

      C. 等差数列，且是等比数列

      D. 既不是等差数列也不是等比数列

   (6) 已知 $\{a_n\}$ 是等比数列，$a_1 = 4, a_4 = \dfrac{1}{2}$，则公比 $q =$（　　）.

      A. $-\dfrac{1}{2}$　　　　B. $-2$　　　　C. 2　　　　D. $\dfrac{1}{2}$

   (7) 在等比数列 $\{a_n\}$ 中，$a_1 = 5, q = 1$，则 $S_6 =$（　　）.

      A. 30　　　　B. 0　　　　C. 不存在　　　　D. 5

   (8) 已知三个数 $-80, G, -45$ 成等比数列，则 $G =$（　　）

      A. 60　　　　B. $-60$　　　　C. 3600　　　　D. $\pm 60$

   (9) 已知数列 $\{a_n\}$ 中，$S_n = n^2 + n$，则 $a_5 =$（　　）.

      A. 10　　　　B. 20　　　　C. 30　　　　D. 40

   (10) 已知数列 $\{a_n\}$ 的通项公式是 $a_n = n(n-1)$，则 56 是这个数列的（　　）.

A. 第5项  B. 第6项  C. 第8项  D. 第7项

(11) 等差数列 $\{a_n\}$ 中 $a_3+a_{11}=40$，则 $a_4-a_5+a_6+a_7+a_8-a_9+a_{10}$ =（  ）．

A. 84  B. 72  C. 60  D. 48

(12) 公比为2的等比数列 $\{a_n\}$ 的各项都是正数，且 $a_3 a_{11}=16$，则 $a_5=$（  ）．

A. 1  B. 2  C. 4  D. 8

(13) 在等比数列 $\{a_n\}$ 中，若 $a_1=1, a_4=\dfrac{1}{8}$，则该数列的前10项和为（  ）．

A. $2-\dfrac{1}{2^4}$  B. $2-\dfrac{1}{2^9}$  C. $2-\dfrac{1}{2^{10}}$  D. $2-\dfrac{1}{2^{11}}$

(14) 等比数列的首项是 $-5$，公比是 $-2$，则它的第6项是（  ）．

A. $-160$  B. 160  C. 90  D. 10

(15) 等比数列 $1, \sqrt{2}, 2, \cdots$ 中的第（  ）项是 $8\sqrt{2}$．

A. 6  B. 7  C. 8  D. 9

2. 判断题：

(1) 等比数列的公比不能为零． （  ）

(2) 等差数列是递增数列或递减数列． （  ）

(3) 数列 $\{a_n\}$ 的通项公式是 $a_n=-5n-2$，则此数列是公差为5的等差数列． （  ）

(4) 任意两个非零实数都有等比中项． （  ）

(5) 常数列都是等差数列． （  ）

(6) 常数列都是等比数列． （  ）

(7) 若 $\{a_n\}$ 是等差数列，则 $a_1+a_2=a_3$． （  ）

3. 填空题：

(1) 数列 $2,-4,6,-8,10,\cdots$ 的通项公式 $a_n=$ _____．

(2) 已知数列的通项公式为 $a_n=(-1)^n \dfrac{n}{2n-1}$，它的第5项是 _____，$\dfrac{8}{15}$ 是它的第 _____ 项．

(3) 在等差数列 $\{a_n\}$ 中，$a_6=4, d=-2$，则 $a_1=$ _____．

(4) 已知三个数 $\sqrt{3}+1, A, \sqrt{3}-1$ 成等差数列,则 $A=$ _____.

(5) 等差数列 $\{a_n\}$ 中, $a_1=100, d=-2$,则 $S_{50}=$ _____.

(6) 在等比数列中,若 $a_1 a_5=9$,则 $a_2 a_4=$ _____, $a_3=$ _____.

(7) 在等比数列中,已知 $a_5=4, q=-3$,则 $a_8=$ _____.

4. 根据给定的项与递推公式,写出数列的前 5 项:

(1) $a_1=\dfrac{1}{2}, a_{n+1}=a_n+\dfrac{1}{n^2+n}$;

(2) $a_1=1, a_2=2, a_{n+2}=3a_{n+1}-2a_n$.

5. 一个等比数列的第 3 项是 45,第 4 项是 -135,求它的首项和公比.

6. 已知等比数列 $\{a_n\}$,若 $a_1=3, q=2, S_n=93$,求 $n$.

7. 已知等差数列 $\{a_n\}$ 中, $a_1=1, a_3=-3$.

(1) 求数列 $\{a_n\}$ 的通项公式;

(2) 若数列 $\{a_n\}$ 的前 $k$ 项和 $S_k=-35$,求 $k$ 的值.

8. 在等差数列 $\{a_n\}$ 中 $d=3, n=10, a_n=15$,求 $a_1$ 及 $S_n$.

9. 设等差数列 $\{a_n\}$ 的前 $n$ 项和公式是 $S_n=5n^2+3n$,求它的前 3 项,并求出通项公式.

## 复习题 B

1. 选择题:

(1) 已知数列 $2,3,5,8,13,x,34,55,\cdots$,则 $x=($ ).

    A. 19          B. 20          C. 21          D. 22

(2) 下列数列为等差且递减的数列是( ).

    A. $1, \dfrac{1}{2}, \dfrac{1}{3}, \dfrac{1}{4}, \cdots$          B. $-10, -9, -8, -7, \cdots$

    C. $-1, -2, -3, \cdots$          D. $1, 1, 1, 1, \cdots$

(3) 等比数列中 $a_1=-1, q=2, S_n=-31$,则 $n$ 为( ).

    A. 3          B. 4          C. 5          D. 6

(4) 等差数列中, $S_8=200, a_8=40$,则 $a_1$ 为( ).

    A. 10          B. 20          C. 30          D. 40

(5) 已知数列 $-\dfrac{1}{2}, -\dfrac{1}{4}, 0, \dfrac{1}{4}, \cdots$,则 $a_n=($ ).

A. $-\dfrac{n}{4}$    B. $\dfrac{n-1}{4}$    C. $\dfrac{n-2}{4}$    D. $\dfrac{n-3}{4}$

(6) 1 与 4 的等差中项为(　　).

A. 2    B. $-2$    C. $\pm 2$    D. $\dfrac{5}{2}$

(7) 若数列 $\{a_n\}$ 为等差数列,则(　　).

A. $a_n+a_{n+1}=$ 常数　　　　B. $a_{n+1}-a_n=$ 常数

C. $a_{n+1}-a_n=$ 正数　　　　D. $a_{n+1}-a_n=$ 负数

(8) 数列 $\{a_n\}$ 为等比数列,则(　　).

A. $\dfrac{a_{n+1}}{a_n}=$ 常数　　　　B. $a_n a_{n+1}=$ 常数

C. $\dfrac{a_n}{a_{n+1}}=$ 正数　　　　D. $\dfrac{a_n}{a_{n+1}}=$ 负数

(9) 已知等差数列 $a_1+a_6=7$,则 $S_6$ 是(　　).

A. 6    B. 21    C. 42    D. 18

(10) 等差数列 $\{a_n\}$ 中,若 $a_1-a_4-a_8-a_{12}+a_{15}=2$,则 $S_{15}$ 等于(　　).

A. $-30$    B. 15    C. $-60$    D. $-15$

(11) 在等比数列 $\{a_n\}$ 中,$a_1+a_2=3$,$q=2$,则 $a_5$ 等于(　　).

A. 64    B. 32    C. 16    D. $-16$

(12) 若数列 $\{a_n\}$ 的前 $n$ 项和 $S_n=n^2$,则它的前 4 项依次是(　　).

A. 1,3,5,7　　　　　　　　B. $-1,3,-5,0$

C. $1,-3,5,0$　　　　　　　　D. $-1,-3,-5,0$

2. 判断题:

(1) 等差数列的公差不能为零.　　　　　　　　　　　　(　　)

(2) 任意两个实数都有等差中项.　　　　　　　　　　　(　　)

(3) 等差数列 $\{a_n\}$ 中,$a_{n-1}=-6$,$a_{n+1}=6$,则 $a_n=0$.　(　　)

(4) 等比数列的公比可以为零.　　　　　　　　　　　　(　　)

(5) 存在既是等差又是等比的数列.　　　　　　　　　　(　　)

(6) 任意两个实数都有等比中项.　　　　　　　　　　　(　　)

(7) 若 $\{a_n\}$ 是等差数列,则 $a_1+a_9=a_3+a_7=2a_5$.　　(　　)

(8) 若数列 $\{a_n\}$ 的通项公式是 $a_n=3n+1$,则此数列不是等差数列.

(　　)

(9) 若数列 $\{a_n\}$ 和 $\{b_n\}$ 都成等差数列,则 $\{a_n+b_n\}$ 也成等差数列.

( )

3. 填空题:

(1) 等差数列 $18,14,10,6,\cdots$ 的第 6 项 $a_6=$ _____.

(2) 等比数列 $15,-5,\dfrac{5}{3},-\dfrac{5}{9},\cdots$ 的通项公式 $a_n=$ _____.

(3) 已知数列的通项公式为 $a_n=\dfrac{2}{n^2+n}$,它的第 3 项是 _____,$\dfrac{1}{10}$ 是它的第 _____ 项.

(4) 数列的前 $n$ 项和 $S_n=3n^2+4n$,则 $a_8=$ _____,$a_n=$ _____.

(5) 在等比数列中,若 $a_1 a_4=4$,则 $a_2 a_3=$ _____.

(6) 等差数列的第 1 项是 3,若前 3 项的和等于前 15 项的和,则公差 $d=$ _____.

(7) 等比数列的 $q=-2,a_5=32$,则 $a_1=$ _____.

(8) $7+2\sqrt{3}$ 与 $7-2\sqrt{3}$ 的等比中项是 _____.

4. 根据给定的项与递推公式,写出数列的前 5 项:

(1) $a_1=1$,$a_{n+1}=a_n \cdot \dfrac{n}{n+1}$;

(2) $a_1=1$,$a_2=2$,$a_{n+2}=a_n-a_{n+1}$.

5. 在等差数列 $\{a_n\}$ 中,$a_1=2$,$a_1+a_2+a_3=12$,求数列 $\{a_n\}$ 的通项公式.

6. (1) 已知 $2,x,8,y$ 四个数,前三个数成等差数列,后三个数成等比数列,求 $x,y$.

(2) 已知 $2,x,8,y$ 四个数,前三个数成等比数列,后三个数成等差数列,求 $x,y$.

7. 已知等比数列 $\{a_n\}$,$a_n=1296$,$q=6$,$S_n=1554$,求 $n$ 和 $a_1$.

8. 在等比数列 $\{a_n\}$ 的前 $n$ 项中,$a_1$ 最小,且 $a_1+a_n=66$,$a_2 a_{n-1}=128$,前 $n$ 项和 $S_n=126$,求 $n$ 和公比 $q$.

9. 一个多边形的周长等于 158 cm,所有各边的长成等差数列,最大的边长等于 44 cm,公差等于 3 cm,求多边形的边数.

10. 某企业今年生产某种机器 1100 台,计划到后年把产量提高到每年生产机器 1859 台.如果每一年比上一年增长的百分率相同,这个百分率是多少?

11. 已知等差数列的 $a_1=\dfrac{3}{5}$,$d=4$,从第几项起这个数列的项大于 100?

12. 已知等比数列的 $a_1=\dfrac{3}{5}$，$q=4$，从第几项起这个数列的项大于 100？

13. 如果一个等比数列的前 5 项的和等于 10，前 10 项的和等于 50，那么前 15 项的和等于多少？

14. 设数列 $\{a_n\}$ 的前 $n$ 项和为 $S_n=n^2+2n+4$ $(n\in \mathbf{N}^+)$. 求：

(1) 这个数列的前三项 $a_1,a_2,a_3$；

(2) 这个数列的通项公式，并判断其是等差数列还是等比数列.

# 第7章 排列、组合与二项式定理

1772年,法国数学家范德蒙德首先用自己的方法提出并表述排列(数)和组合(数).1899年,英国数学家克里斯托尔给出排列数和组合数的记号,一直沿用至今.排列、组合在数学发展、科学实验以及社会实践中都有着广泛的应用.本章学习的主要内容是加法原理、乘法原理、排列、组合、二项式定理等.

## §7.1 加法原理和乘法原理

### 1. 加法原理

我们先看下面的例子:

某人从甲地去乙地,他可以乘火车,可以乘汽车,也可以乘飞机.如果一天中,火车有6班,汽车有9班,飞机有5班,那么一天中乘坐这些交通工具从甲地到乙地,共有多少种不同的走法?

在一天中,从甲地到乙地有三类不同方式,第一类是乘火车,第二类是乘汽车,第三类是乘飞机.乘火车有6种方法,乘汽车有9种方法,乘飞机有5种方法,以上每一种方法,都可以从甲地到达乙地.因此,一天当中乘坐这些交通工具从甲地到乙地的走法,共有

$$6+9+5=20(种).$$

一般地,有以下原理:

**加法原理**  如果完成一件事,有 $k$ 类不同的方式,在第一类方式中有 $n_1$ 种不同的方法,在第二类方式中有 $n_2$ 种不同的方法……在第 $k$ 类方式中有 $n_k$ 种不同的方法,那么完成这件事共有 $N=n_1+n_2+\cdots+n_k$ 种不同的方法.

**【例1】** 书架上层有不同的语文书 11 本,中层有不同的数学书 15 本,下层有不同的英语书 10 本.现从其中任取一本书,问:共有多少种不同的取法?

**解** 从书架上任取一本书,有三类取法:第一类取法是从书架的上层取出一本语文书,可以从 11 本中任取一本,有 11 种不同的取法;第二类取法是从书架的中层取出一本数学书,可以从 15 本中任取一本,有 15 种不同的取法;第三类取法是从书架的下层取出一本英语书,可以从 10 本中任取一本,有 10 种不同的取法.只要在书架上任意取出一本,任务即完成,根据加法原理,不同的取法一共有

$$N = n_1 + n_2 + n_3 = 11 + 15 + 10 = 36(种).$$

1. 一个口袋内装有 8 个小球,另一个口袋内装有 7 个小球,所有小球的颜色都不相同,从两个口袋内任取 1 个小球,有多少种取法?

2. 某一件工作可以用两种方法完成,有 15 人会用第一种方法,另外有 20 人会用第二种方法,要选出一个人来完成这件工作,共有多少种选法?

## 2. 乘法原理

我们看下面的例子:

某人由甲地去丙地,中间必须经过乙地,且已知由甲地到乙地有两条路可走,由乙地到丙地有三条路可走,如图 7-1 所示,那么由甲地经乙地到丙地共有多少种不同的走法?

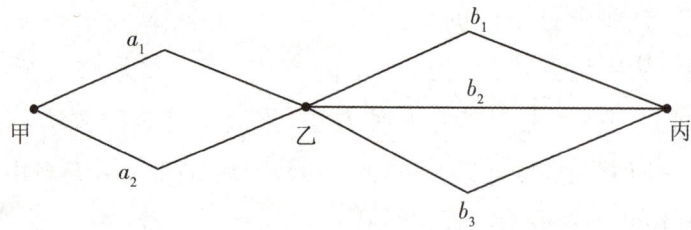

**图 7-1**

这里,从甲地到丙地不能由一个步骤直接到达,必须经过乙地这一步骤,从甲地到乙地有 2 种不同的走法,分别用 $a_1, a_2$ 表示,而从乙地到丙地有 3 种不同的走法,分别用 $b_1, b_2, b_3$ 表示.所以从甲地经乙地到丙地的全部走法有:

$$a_1b_1, a_1b_2, a_1b_3, a_2b_1, a_2b_2, a_2b_3$$

共计 6 种. 这可以用从甲地到乙地的 2 种走法与从乙地到丙地的 3 种走法的乘积来计算,即
$$2\times 3=6(种).$$

一般地,有以下原理:

**乘法原理** 如果完成一件事,需要分成 $k$ 个步骤,完成第一个步骤有 $n_1$ 种不同的方法,完成第二个步骤有 $n_2$ 种不同的方法……完成第 $k$ 个步骤有 $n_k$ 种不同的方法,那么完成这件事共有 $N=n_1\times n_2\times \cdots \times n_k$ 种不同的方法.

【例 2】书架上层有不同的语文书 11 本,中层有不同的数学书 15 本,下层有不同的英语书 10 本. 从中取出语文、数学、英语书各一本,问:共有多少种不同的取法?

**解** 从书架上取语文、数学、英语书各一本,可以分成三个步骤完成:第一步从上层 11 本语文书中取一本,有 11 种不同的取法;第二步从中层 15 本数学书中取一本,有 15 种不同的取法;第三步从下层 10 本英语书中取一本,有 10 种不同的取法. 这符合乘法原理的条件,根据乘法原理可知,共有
$$N=11\times 15\times 10=1650(种).$$

加法原理和乘法原理的共同点是研究"完成一件事,共有多少种不同的方法",它们的区别在于一个与"分类"有关,一个与"分步"有关. 如果完成一件事有 $k$ 类方式,这 $k$ 类方式彼此之间是相互独立的,无论用哪一类方式中的哪一种方法都能独立地完成这件事,求完成这件事的方法的种数,就用加法原理;如果完成一件事,需要分成 $k$ 个步骤,各个步骤都不可缺少,需要依次完成所有的步骤才能完成这件事,而完成每一个步骤又各有若干种方法,求完成这件事的方法的种数,就用乘法原理.

【例 3】某学校高一有三个班,高一(1)班有三好学生 6 人,高一(2)班有三好学生 7 人,高一(3)班有三好学生 8 人.

(1) 从这三个班中任选一名三好学生,出席三好学生表彰会,共有多少种不同的选法?

(2) 从这三个班中各选一名三好学生,出席三好学生表彰会,共有多少种不同的选法?

**解** (1) 依加法原理,不同的选法种数是
$$N=n_1+n_2+n_3=6+7+8=21(种);$$

(2) 依乘法原理,不同的选法种数是

$$N = n_1 \times n_2 \times n_3 = 6 \times 7 \times 8 = 336 (种).$$

所以,从这三个班中任选一名三好学生,共有 21 种不同的选法;从这三个班中各选一名三好学生,共有 336 种不同的选法.

**练习**

1. 一个口袋内装有 8 个小球,另一个口袋内装有 7 个小球,所有小球的颜色都不相同,从两个口袋内各取 1 个小球,有多少种取法?

2. 由数字 1,2,3,4,5 可以组成多少个三位数(各位上的数字允许重复)?

**习题 7.1**

1. 某学校高二年级有两个班,高二(1)班、高二(2)班分别有 20 人、25 人会下象棋.如果从这个年级中选派一位学生去参加学校的象棋比赛,共有多少种选法?

2. 某一件工作可以用三种方法完成,有 5 人会用第一种方法完成,有 4 人会用第二种方法完成,另外有 6 人会用第三种方法完成,如果选出一个人来完成这件工作,共有多少种选法?

3. 由数字 1,2,…,9 这九个数可以组成多少个三位数(各位上的数字允许重复)?

4. 从 A 地到 B 地有 3 条路可通,从 B 地到 C 地有 4 条路可通,从 C 地到 D 地有 5 条路可通,从 A 地到 D 地共有多少种不同的走法?

5. 一个口袋内装有 5 个小球,另一个口袋内装有 4 个小球,所有小球的颜色互不相同.

(1) 从两个口袋内任取 1 个小球,有多少种不同的取法?

(2) 从两个口袋内各取 1 个小球,有多少种不同的取法?

## §7.2 排　　列

### 1. 排列的定义

先看下面两个问题：

(1) 在北京　武汉　广州这条民用航空线上，需要准备多少种不同的飞机票？

(2) 用 1,2,3 这三个数字可以排成多少个没有重复数字的两位数？

这两个问题我们都可以用乘法原理来解决．

问题(1)可以分成两步：第一步，先在北京、武汉、广州这三个站中任选一个作为起点站，共有 3 种选法；第二步，在选定一个起点站后，再在剩下的两个站中选取一个作为终点站，共有 2 种选法．根据乘法原理，共有 $3\times 2=6$ (种)，即需要准备 6 种不同的飞机票．表 7-1 列举出了这 6 种不同的飞机票．

表 7-1　北京—武汉—广州航空线上的飞机票

| 起点站 | 终点站 | 准备的飞机票 |
| --- | --- | --- |
| 北京 | 武汉 | 北京→武汉 |
| 北京 | 广州 | 北京→广州 |
| 武汉 | 北京 | 武汉→北京 |
| 武汉 | 广州 | 武汉→广州 |
| 广州 | 北京 | 广州→北京 |
| 广州 | 武汉 | 广州→武汉 |

问题(2)也可以分成两步：第一步，先在 1,2,3 三个数字中任选一个，作为十位数字，共有 3 种选法；第二步，在选定十位上的数字后，再在剩下的两个数字(各位上的数字不允许重复)中，任选一个作为个位数字，共有 2 种选法．根据乘法原理，组成上述两位数的方法共有 $3\times 2=6$ (种)，即可以组成 6 个没有重复数字的两位数．表 7-2 列举出了这 6 个没有重复数字的两位数．

表 7-2　1,2,3 这三个数字组成的没有重复数字的两位数

| 十位数字 | 个位数字 | 组成的两位数 |
| --- | --- | --- |
| 1 | 2 | 12 |
| 1 | 3 | 13 |
| 2 | 1 | 21 |
| 2 | 3 | 23 |
| 3 | 1 | 31 |
| 3 | 2 | 32 |

我们把被选取的对象(如上面两个问题中的地点、数字中的任何一个)叫作元素.上面两个例子所考察的对象与研究的问题是不同的,但是如果抽去它们的实际意义,那么它们都可以概括为从三个不同的元素中,每次取出两个元素,按照一定的顺序排成一列,共有多少种不同的排法的问题.

一般地,对于这类问题,可以给出如下定义:

**定义 1**　从 $n$ 个不同的元素中,任取 $m(m \leqslant n)$ 个不同的元素,按照一定的顺序排成一列,叫作从 $n$ 个不同的元素中取出 $m$ 个不同元素的一个 **排列**.

由排列的定义可知,两个排列相同是指不仅这两个排列所含的元素要完全相同,而且元素排列的顺序也要完全相同.如果两个排列所含的元素不完全相同,如飞机票"北京→武汉"与"北京→广州",那么自然是两个不同的排列.即使所含的元素完全相同,但排列的顺序不同,它们也是不同的排列.例如,两位数 12 与 21,虽然它们的元素都是 1 和 2,但排列顺序不同,因此它们仍是两个不同的排列.

当 $m < n$ 时,所得的排列叫作 **选排列**.

当 $m = n$ 时,所得的排列叫作 **全排列**.

练习

1. 写出从 $a, b, c, d$ 这四个元素中任取两个的所有排列,并指出共有多少种.

## 2. 排列数公式

研究从 $n$ 个不同元素中取出 $m(m \leqslant n)$ 个不同元素的排列共有多少个,这类问题叫作排列问题.

一般地,从 $n$ 个不同的元素中取出 $m(m \leqslant n)$ 个不同元素进行排列,所有

不同排列的个数,叫作从 $n$ 个不同元素中取出 $m$ 个不同元素的**排列数**,用符号 $P_n^m$ 表示($P$ 是排列的英文名称 Permutation 的第一个字母).

例如,从 20 个不同的元素中取出 5 个的排列数为 $P_{20}^5$.

下面我们来研究排列数 $P_n^m$ 的计算.

我们可以这样考虑求排列数 $P_n^m$,假定有排好顺序的 $m$ 个空位,从 $n$ 个不同的元素 $a_1,a_2,\cdots,a_n$ 中任取 $m$ 个不同元素填入 $m$ 个空位,每个空位只能填入一个元素. 这样,对应于每一种填法(填满各空位)就得到一个排列.因此,所有不同填法的种数就是所求排列数 $P_n^m$.

表 7-3    $n$ 个元素填入 $m$ 个空位

| 第 1 位 | 第 2 位 | 第 3 位 | $\cdots$ | 第 $m$ 位 |
|---|---|---|---|---|
|  |  |  |  |  |
| ↑ | ↑ | ↑ | $\cdots$ | ↑ |
| $n$ | $n-1$ | $n-2$ | $\cdots$ | $n-m+1$ |

如表 7-3 所示,第 1 个空位可以从 $n$ 个不同元素中任选一个元素填入,共有 $n$ 种填法;第 2 个空位只能从剩下的 $n-1$ 个不同元素中任选一个元素填入,共有 $n-1$ 种填法;第 3 个空位只能从剩下的 $n-2$ 个不同元素中任选一个元素填入,共有 $n-2$ 种填法;依次类推,第 $m$ 个空位只能从剩下的 $[n-(m-1)]$ 个不同元素中任选一个元素填入,共有 $[n-(m-1)]$ 即 $n-m+1$ 种填法.根据乘法原理,全部填满 $m$ 个空位共有 $n(n-1)(n-2)\cdots(n-m+1)$ 种填法.

这样,我们就得到了排列数的计算公式:

$$P_n^m=n(n-1)(n-2)\cdots(n-m+1), \tag{7-1}$$

其中 $m,n\in \mathbf{N}^+$,且 $m\leqslant n$. 在这个公式中,右边第 1 个因数是 $n$,后面每个因数依次比前一个因数少 1,最后一个因数是 $n-m+1$,即元素总数与选取元素个数之差加上 1,共有 $m$ 个因数相乘.

例如,$P_{10}^5=10\times 9\times 8\times 7\times 6=30240$.

当 $m=n$ 时,由公式(7-1)得全排列数

$$P_n^n=n(n-1)(n-2)\cdots 3\times 2\times 1. \tag{7-2}$$

公式(7-2)右端是自然数 1 到 $n$ 的连乘积,叫作 **$n$ 的阶乘**,记作 $n!$(读作"$n$ 的阶乘"). 于是公式(7-2)又可写成

$$P_n^n=n(n-1)(n-2)\cdots 3\times 2\times 1=n!, \tag{7-3}$$

即 $n$ 个不同元素的全排列数 $P_n^n$ 等于自然数 1 到 $n$ 的连乘积.

例如,$P_5^5=5\times 4\times 3\times 2\times 1=120$.

为了今后使用方便,我们规定:$0! = 1$.

【例1】计算 $P_{15}^4$ 与 $P_7^7$.

解　$P_{15}^4 = 15 \times 14 \times 13 \times 12 = 32760$.

$P_7^7 = 7 \times 6 \times 5 \times 4 \times 3 \times 2 \times 1 = 5040$.

【例2】某学校的高一(1)班有 50 名同学,从中选出 3 人,分别担任正、副班长和学习委员,共有多少种不同的选法?

解　从 50 名同学中选出 3 名的排列数为
$$P_{50}^3 = 50 \times 49 \times 48 = 117600,$$
所以共有 117600 种选法.

【例3】用 1,2,3,4,5 五个数字可以组成多少个没有重复数字的三位数?

解　用数字 1,2,3,4,5 组成没有重复数字的三位数,就是从这五个数字中每次取出三个不同数字的排列问题,根据公式(7-1)可得,符合题意的三位数的个数为
$$P_5^3 = 5 \times 4 \times 3 = 60.$$
所以,用数字 1,2,3,4,5 可以组成 60 个没有重复数字的三位数.

【例4】求证:$P_n^m = \dfrac{n!}{(n-m)!}$.

证明　$P_n^m = n(n-1)(n-2) \cdots (n-m+1)$

$= \dfrac{[n(n-1)(n-2) \cdots (n-m+1)][(n-m) \cdots 3 \times 2 \times 1]}{(n-m) \cdots 3 \times 2 \times 1}$

$= \dfrac{n!}{(n-m)!}.$

此结论可作为公式使用.

练习

1. 计算题:

    (1) $P_{10}^3$;　(2) $P_6^6$;　(3) $P_7^4 - 4P_6^2$;　(4) $\dfrac{P_5^5 - P_5^3}{5}$.

2. 某班有学生 45 人,现选出 3 人,分别担任正、副班长和团支书,问:共有多少种选法?

3. 用 1,2,3,4 四个数字可以组成多少个没有重复数字的三位数?

## 3. 重复排列

上面讨论的从 $n$ 个不同的元素中所取的 $m$ 个元素都是互异的,即元素没有重复出现.但是,很多实际问题却允许元素重复出现.请看下面的例子:

**【例 5】** 某城市的电话号码由 7 位数字组成,该城市最多可以安装多少台不同号码的电话?

**解** 电话号码中的数字都是从 $0,1,2,\cdots,9$ 这十个数字中取出 7 个数字(数字允许重复)的排列,所以只需求出所有这样的排列的个数,就可以得到该市安装不同号码的电话的最大容量.

电话号码是 7 位,需要依次填充这 7 位数.第一位可以从 $0,1,2,\cdots,9$ 这 10 个数字中任选一个,有 10 种选法;由于电话号码中的数字允许重复,因此第二位仍可以从这 10 个数字中任选一个,也有 10 种选法;同理,其他 5 位也各有 10 种选法.根据乘法原理,这样的排列种数为

$$10\times10\times10\times10\times10\times10\times10=10^7.$$

所以,该城市最多可以安装 $10^7$ 台不同电话号码的电话.

从 $n$ 个不同元素中,取出 $m$ 个元素,取出的元素可以重复,按照一定的顺序排成一列,这样的排列叫作**重复排列**.

从 $n$ 个不同元素中,取出 $m$ 个元素,取出的元素可以重复,按照一定的顺序排成一列,那么,第一、第二、……、第 $m$ 个位置上选取元素的方法都是 $n$ 个,所以从 $n$ 个不同的元素中取出 $m$ 个元素的重复排列的种数为

$$N=\underbrace{n\cdot n\cdots\cdot n}_{m\text{个}}=n^m. \tag{7-4}$$

**【例 6】** 用 $1,2,3,4,5$ 五个数字可以组成多少个允许数字重复的三位数?

**解** 从 $1,2,3,4,5$ 中任取一个数字作为百位数,共有 5 种取法;由于数字允许重复,因此十位数字也是从 $1,2,3,4,5$ 中任取一个数字,共有 5 种取法;同理个位数字也有 5 种取法.根据乘法原理,符合题意的三位数的个数是

$$5\times5\times5=125.$$

练习

1. 某城市电话号码由 8 位数字组成,该城市最多可以安装多少台不同号码的电话?

2. 以12为前两个数字的8位数电话号码,最多有多少个?

3. 用1,2,3,4四个数字可以组成多少个允许数字重复的三位数?

4. 五位自然数一共有多少个?

## 习题 7.2

1. 填空题:

   (1) $0! =$ _____.

   (2) $P_n^k$ 为有 _____ 个连续自然数的乘积,它的最小的一个自然数是 _____.

   (3) $P_n^x$ 中 $x$ 的取值范围是 _____, 当 $x =$ _____ 时, $P_n^x$ 成为全排列.

   (4) $3 \times P_4^4 =$ _____.

   (5) $P_{10}^4 =$ _____.

2. 计算题:

   (1) $P_8^8$;　(2) $P_8^5$;　(3) $P_6^4 - 3P_8^2$;　(4) $\dfrac{P_7^5}{P_7^4}$;　(5) $\dfrac{P_8^5 + P_8^4}{P_9^5 - P_9^4}$.

3. 一铁路沿线共有20个车站,需要准备多少种火车票?

4. 10名同学排成一排照相,有多少种排法?

5. 用1,2,3,4,5这五个数字,可以组成多少个没有重复数字的四位数?其中有多少个四位数是5的倍数?

6. 7名表演者站成一排表演,规定领唱者必须站在中间,朗诵者必须站在最右侧,共有多少种排法?

7. 以6为首的8位电话号码共有多少个?

8. 六位自然数一共有多少个?

9. 由数字1,2,3,4,5可以组成多少个四位数(数字允许重复)?

## §7.3  组　　合

### 1. 组合的定义

看下面两个问题：

(1) 在北京—武汉—广州这条民用航空线上，有多少种不同的票价？

(2) 从 1,2,3 这三个数字中任选两个做乘法，共有多少个不同的积？

问题(1)与上节中求飞机票的种数不同. 飞机票的种数与起点站、终点站的顺序有关，但是飞机票的票价与起点站、终点站的顺序无关，只与起点站、终点站之间的距离有关. 例如，从北京到武汉和从武汉到北京的距离是相等的，所以飞机票的票价是一样的. 因此，当三个站的距离两两不相等时，票价的种数只有票的种数的一半，即北京到武汉、北京到广州、武汉到广州 3 种.

同理，问题(2)得到的乘积有 3 个，分别是：
$$1\times 2=2,\ 1\times 3=3,\ 2\times 3=6.$$

这两个问题的共同特点是：结果只与选出的元素有关，而与选出的元素的顺序无关. 它们都是从 3 个不同的元素中任取两个，不管顺序，并成一组，共有多少个不同的组数的问题.

一般地，对于这类问题，给出如下定义：

<u>定义 2</u>　从 $n$ 个不同的元素中，任取 $m(m\leqslant n)$ 个不同元素，不管顺序，并成一组，叫作从 $n$ 个不同元素中取出 $m$ 个不同元素的一个<u>组合</u>.

由排列和组合的定义可知，它们的根本区别就在于排列的元素有顺序的要求，组合的元素没有顺序的要求.

1. 写出从 $a,b,c,d$ 这四个元素中任取两个的所有组合，并指出共有多少种.

### 2. 组合数公式

从 $n$ 个不同的元素中取出 $m(m\leqslant n)$ 个不同元素进行组合，所有不同组合

的个数叫作从 $n$ 个不同元素中取出 $m$ 个不同元素的**组合数**,用符号 $C_n^m$ 表示($C$ 是组合的英文名称 Combination 的第一个字母).

例如,从 7 个不同元素中取出 4 个不同元素的组合数可表示为 $C_7^4$,从 6 个不同元素中取出 5 个不同元素的组合数可表示为 $C_6^5$.

排列问题与组合问题有着密不可分的关系,下面我们从组合数 $C_n^m$ 与排列数 $P_n^m$ 的关系入手,找出组合数 $C_n^m$ 的计算公式.

例如,从 4 个不同元素 $a,b,c,d$ 中取出 3 个元素的排列与组合的关系,如表 7-4 所示.

表 7-4 排列与组合的关系

| 组合 | | 排列 | | |
| --- | --- | --- | --- | --- |
| abc | → | abc | bac | cab |
| | | acb | bca | cba |
| abd | → | abd | bad | dab |
| | | adb | bda | dba |
| acd | → | acd | cad | dac |
| | | adc | cda | dca |
| bcd | → | bcd | cbd | dbc |
| | | bdc | cdb | dcb |

由表 7-4 可以看出,对于相应的每一个组合,都有 6 个不同的排列,因此,求从 4 个不同元素中取 3 个不同元素的排列数 $P_4^3$,可以按照以下两个步骤来进行:

第一步:从 4 个不同元素中取出 3 个不同元素做组合,共有 $C_4^3$ 个,由表 7-4 可知 $C_4^3=4$.

第二步:对每一个组合中的 3 个不同元素做全排列,每一个组合对应的全排列都是 $P_3^3=6$ 个.

根据乘法原理,得
$$P_4^3 = C_4^3 \cdot P_3^3,$$
所以
$$C_4^3 = \frac{P_4^3}{P_3^3}.$$

一般地,求从 $n$ 个不同元素中取出 $m$ 个不同元素的排列数 $P_n^m$,可按以下两个步骤来进行:

第一步:求出从这 $n$ 个不同元素中取出 $m$ 个不同元素的组合数 $C_n^m$.

第二步:求每一个组合中 $m$ 个元素的全排列数 $P_m^m$.

根据乘法原理,得
$$P_n^m = C_n^m \cdot P_m^m,$$

因此
$$C_n^m = \frac{P_n^m}{P_m^m} = \frac{n(n-1)(n-2)\cdots(n-m+1)}{m!}, \tag{7-5}$$

其中 $m, n \in \mathbf{N}^+$,且 $m \leqslant n$. 这个公式叫作**组合数计算公式**.

由上节例 4 可知 $P_n^m = \dfrac{n!}{(n-m)!}$,代入式(7-5)得
$$C_n^m = \frac{n!}{m!(n-m)!}. \tag{7-6}$$

这也是一个常用的组合数计算公式.

因为我们规定 $0! = 1$,因此 $C_n^0 = \dfrac{n!}{0!(n-0)!} = 1$,即
$$C_n^0 = 1.$$

【**例 1**】 计算 $C_{10}^5$ 与 $C_{50}^3$.

**解** $C_{10}^5 = \dfrac{10 \times 9 \times 8 \times 7 \times 6}{5 \times 4 \times 3 \times 2 \times 1} = 252$;

$C_{50}^3 = \dfrac{50 \times 49 \times 48}{3 \times 2 \times 1} = 19600.$

【**例 2**】 从 40 名运动员中选出 3 名参加比赛,有多少种选法?

**解** 这实际上是从 40 个不同元素中取出 3 个不同元素的组合问题,即
$$C_{40}^3 = \frac{40 \times 39 \times 38}{3 \times 2 \times 1} = 9880,$$

所以有 9880 种选派方法.

【**例 3**】 平面内有 8 个点,任意三点不在同一条直线上,以每三点为顶点画一个三角形,一共可画多少个三角形?

**解** 因为平面内的 8 个点中任意三点都不在同一条直线上,所以,以平面内 8 个点中的任意三点为顶点画三角形,可画的三角形的个数就是从 8 个不同的元素中取出 3 个不同元素的组合数,即
$$C_8^3 = \frac{8 \times 7 \times 6}{3 \times 2 \times 1} = 56.$$

所以,一共可画 56 个三角形.

【**例 4**】 从 100 件产品中任意抽出 5 件进行质量检查. 已知 100 件产品中

有 3 件是次品,问:抽出的 5 件中恰好有 1 件是次品的抽法有多少种?

**解** 从 3 件次品中抽出 1 件次品的抽法有 $C_3^1$ 种,从 97 件合格品中抽出 4 件合格品的抽法有 $C_{97}^4$ 种.根据乘法原理,抽出的 5 件中恰好有 1 件是次品的抽法种数是
$$C_3^1 \cdot C_{97}^4 = 3 \times 3464840 = 10394520.$$

练习

1. 计算 $C_{20}^5$ 与 $C_{100}^3$.

2. 10 个球队进行单循环比赛,一共需安排多少场比赛?

3. 平面内有 10 个点,任意三点不在同一条直线上,以每三点为顶点画一个三角形,一共可画多少个三角形?

4. 从 100 件产品中任意抽出 4 件进行质量检查.已知 100 件产品中有 3 件次品,问:抽出的 4 件中恰好有 1 件是次品的抽法有多少种?

### 3. 组合数的两个基本性质

**性质 1** $C_n^m = C_n^{n-m}\ (m \leqslant n)$.

**证明** 因为
$$C_n^m = \frac{n!}{m!\,(n-m)!},$$
$$C_n^{n-m} = \frac{n!}{(n-m)!\,[n-(n-m)]!} = \frac{n!}{m!\,(n-m)!},$$
所以
$$C_n^m = C_n^{n-m}\ (m \leqslant n).$$

这个性质也可以由组合的定义得出.从 $n$ 个不同的元素中取出 $m$ 个不同元素并成一组,那么,剩下的 $n-m$ 个元素相应地也构成了一组.也就是说,从 $n$ 个不同的元素中取出 $m$ 个不同元素的每一个组合,都对应着从 $n$ 个不同的元素中取出 $n-m$ 个不同元素的唯一的一个组合;反过来也是一样的.因此,从 $n$ 个不同的元素中取出 $m$ 个不同元素的组合数 $C_n^m$,等于从 $n$ 个不同的元素中取出 $n-m$ 个不同元素的组合数 $C_n^{n-m}$,即 $C_n^m = C_n^{n-m}$.

性质 1 的用处是:当 $m > \dfrac{n}{2}$ 时,通常不直接计算 $C_n^m$,而是改为计算 $C_n^{n-m}$,这样可使计算简便.

**【例 5】** 计算 $C_{100}^{97}$.

**解** $C_{100}^{97} = C_{100}^3 = \dfrac{100 \times 99 \times 98}{3 \times 2 \times 1} = 161700.$

**性质 2**  $C_{n+1}^m = C_n^m + C_n^{m-1}$.

**证明**  $C_n^m + C_n^{m-1} = \dfrac{n!}{m!(n-m)!} + \dfrac{n!}{(m-1)![n-(m-1)]!}$

$= \dfrac{n!(n-m+1) + n! \cdot m}{m!(n-m+1)!} = \dfrac{(n-m+1+m)n!}{m!(n+1-m)!}$

$= \dfrac{(n+1)!}{m![(n+1)-m]!} = C_{n+1}^m$,

即  $C_{n+1}^m = C_n^m + C_n^{m-1}$.

这个性质也可以根据组合的定义与加法原理得出. 从 $a_1, a_2, \cdots, a_n, a_{n+1}$ 这 $n+1$ 个不同的元素中取出 $m$ 个不同元素的组合数是 $C_{n+1}^m$,这些组合可以分成两类,一类含有 $a_1$,一类不含 $a_1$. 含有 $a_1$ 的组合是从 $a_2, a_3, \cdots, a_n, a_{n+1}$ 这 $n$ 个元素中取出 $m-1$ 个元素与 $a_1$ 组成的,共有 $C_n^{m-1}$ 个;不含 $a_1$ 的组合是从 $a_2, a_3, \cdots, a_n, a_{n+1}$ 这 $n$ 个元素中取出 $m$ 个元素组成的,共有 $C_n^m$ 个. 根据加法原理得

$$C_{n+1}^m = C_n^m + C_n^{m-1}.$$

【**例 6**】计算 $C_{199}^{198} + C_{199}^{197}$.

**解**  $C_{199}^{198} + C_{199}^{197} = C_{200}^{198} = C_{200}^{200-198} = C_{200}^2 = 19900$.

【**例 7**】求证:$C_6^6 + C_7^6 + C_8^6 = C_9^7$.

**证明**  根据性质 2 得

$$C_6^6 + C_7^6 + C_8^6 = C_7^7 + C_7^6 + C_8^6 = C_8^7 + C_8^6 = C_9^7.$$

1. 计算题:

(1) $C_{18}^{15}$；  (2) $C_{59}^{57}$；  (3) $C_{170}^{160} - C_{170}^{10}$；  (4) $C_{19}^{17} + C_{19}^{16}$.

## 4. 排列、组合的应用

很多实际问题都可以利用排列、组合的知识来解决,这里我们对一些较简单的综合应用问题进行讨论,说明排列、组合在解决实际问题中的应用.

【**例 8**】用 $0, 1, 2, \cdots, 9$ 这 10 个数字,可以组成多少个没有重复数字的四位数?

**解**  方法一:组成一个没有重复数字的四位数,可以分成两步来完成.

第一步:确定千位上的数字,由于千位上的数字不能为 0,所以只能从 1

到 9 这 9 个数字中任取 1 个,有 $C_9^1$ 种取法.

第二步:从剩下的 9 个数字中任取 3 个不同的数字分别放在百位、十位和个位上,共有 $P_9^3$ 种取法.

根据乘法原理,用这 10 个数字组成没有重复数字的四位数一共有
$$C_9^1 P_9^3 = 9 \times (9 \times 8 \times 7) = 4536 (个).$$

方法二:由于千位上的数字不能为 0,因此没有重复数字的四位数的个数等于从 0 到 9 这 10 个数字中任取 4 个不同数字的排列数减去其中千位数字为 0 的排列数,而后者等于从 1 到 9 这 9 个数字中任取 3 个不同数字的排列数.所以没有重复数字的四位数的个数为
$$P_{10}^4 - P_9^3 = 10 \times 9 \times 8 \times 7 - 9 \times 8 \times 7 = (10-1) \times 9 \times 8 \times 7$$
$$= 9 \times 9 \times 8 \times 7 = 4536 (个).$$

**【例 9】** 用红、黄、蓝三面旗子按一定的顺序,从上到下排列在竖直的旗杆上表示信号,每次可以任挂一面、两面或三面,并且以不同的顺序表示不同的信号,一共可以表示多少种信号?

**解** 由于用任意一面、两面或三面旗子都可以表示某种信号,所以用一面旗子表示的信号对应着从 3 个元素中每次取出 1 个元素的排列,排列数是 $P_3^1$;用两面旗子表示的信号对应着从 3 个元素中每次取出 2 个元素的排列,排列数是 $P_3^2$;用三面旗子表示的信号对应着从 3 个元素中每次取出 3 个元素的排列,排列数是 $P_3^3$.由于以上三种形式都可以表示某一种信号,因而根据加法原理,所求信号种数是
$$P_3^1 + P_3^2 + P_3^3 = 3 + 3 \times 2 + 3 \times 2 \times 1 = 15 (种).$$

**【例 10】** 在产品检验时,常从产品中抽出一部分进行检查.现有 100 件产品,其中有 2 件是次品,其余都是合格品.现在从 100 件产品中抽出 3 件进行检查:

(1) 一共有多少种不同的抽法?

(2) 抽出的 3 件中恰好有 1 件次品的抽法有多少种?

(3) 抽出的 3 件中最多有 1 件次品的抽法有多少种?

(4) 抽出的 3 件中至少有 1 件次品的抽法有多少种?

**解** (1) 从 100 件产品中取出 3 件的组合种数,共有
$$C_{100}^3 = \frac{100 \times 99 \times 98}{3 \times 2 \times 1} = 161700 (种).$$

(2) 抽出的 3 件中恰好有 1 件次品的抽法可以分成两步来完成:第一步,从 2 件次品中抽出 1 件,这有 $C_2^1$ 种抽法;第二步,从 98 件合格品中抽出 2 件,这有 $C_{98}^2$ 种抽法. 根据乘法原理,抽出的 3 件中恰好有 1 件次品的抽法种数是

$$C_2^1 \cdot C_{98}^2 = 2 \times \frac{98 \times 97}{2 \times 1} = 9506 (\text{种}).$$

(3) 抽出的 3 件中最多有 1 件次品的抽法可以分成两类:第一类抽法没有次品,即 3 件都是合格品,有 $C_{98}^3$ 种抽法;第二类抽法恰好有 1 件次品,根据第(2)小题,有 $C_2^1 \cdot C_{98}^2$ 种抽法. 根据加法原理,抽出的 3 件中最多有 1 件次品的抽法种数为

$$C_{98}^3 + C_2^1 \cdot C_{98}^2 = \frac{98 \times 97 \times 96}{3 \times 2 \times 1} + 9506 = 161602 (\text{种}).$$

(4) 方法一:从 100 件产品中抽出 3 件,一共有 $C_{100}^3$ 种抽法,在这些抽法里,除去抽出的 3 件都是合格品的抽法 $C_{98}^3$ 种,剩下的便是抽出的 3 件中至少有 1 件次品的抽法种数,即

$$C_{100}^3 - C_{98}^3 = 161700 - 152096 = 9604 (\text{种}).$$

方法二:从 100 件产品中抽出 3 件至少有 1 件是次品的抽法,包括 1 件是次品的抽法和 2 件是次品的抽法,其中 1 件是次品的抽法有 $C_{98}^2 \cdot C_2^1$ 种,2 件是次品的抽法有 $C_{98}^1 \cdot C_2^2$ 种. 因此,至少有 1 件次品的抽法种数为

$$C_{98}^2 \cdot C_2^1 + C_{98}^1 \cdot C_2^2 = 9506 + 98 = 9604 (\text{种}).$$

通过上面几个例题的解题分析,我们可以总结出解决此类问题时应注意以下几点:

(1) 审清题意,区分是排列问题还是组合问题,并考察取出的元素是否允许重复.

(2) 根据问题所给的条件,列出可能出现的各种情形,要避免种数的重复或遗漏.

(3) 区别使用的是加法原理还是乘法原理.

练习

1. 从 1,3,5,7,9 中任取三个数字,从 2,4,6,8 中任取两个数字,组成没有重复数字的五位数,一共可以组成多少个数?

2. 现有 1 元,5 元,10 元的纸币各一张,可以组成多少种币值?

3. 已知 10 件产品中有 3 件是次品,从中任取 4 件.

(1) 没有 1 件是次品,共有多少种取法?

(2) 恰好有 1 件次品,共有多少种取法?

(3) 至少有 1 件是次品,共有多少种取法?

(4) 最多有 1 件是次品,共有多少种取法?

习题 7.3

1. 写出从五个元素 $a,b,c,d,e$ 中任取三个元素的所有组合.

2. 计算题:

(1) $C_9^3$;   (2) $C_{90}^{88}$;   (3) $C_{10}^4 - C_9^4$;

(4) $C_5^3 \cdot C_4^2$;   (5) $C_{19}^{17} + C_{19}^{16}$;   (6) $C_8^3 + C_8^2 + C_9^4 - C_{10}^4$.

3. 12 个人相互握手告别,共要握手多少次?

4. 平面内有 12 个点,任意三点不在同一条直线上,以每三点为顶点画一个三角形,一共可画多少个三角形?

5. 某班有 40 名学生,其中正、副班长各 1 名,现派 5 名学生完成一项工作:

(1) 正、副班长必须参加,有多少种派法?

(2) 正、副班长只能且必须去 1 人,有多少种派法?

(3) 正、副班长至少有 1 人参加,有多少种派法?

6. 一种密码锁的密码由 1~9 中的 6 个数字组成(允许重复),问:共能组成多少个密码?

7. 某小组有 10 名同学,其中男生 4 人,女生 6 人.现挑选 3 人参加学校组织的某项活动,要求其中至少有 1 名男生,共有多少种不同的挑选方法?

8. 从 1,3,5,7,9 中任取两个数字,从 2,4,6,8 中任取三个数字,组成没有重复数字的五位数,一共可以组成多少个数?

## §7.4 二项式定理

### 1. 二项展开式

由多项式的乘法,我们可以得到下面的展开式:
$$(a+b)^2 = a^2 + 2ab + b^2,$$
$$(a+b)^3 = a^3 + 3a^2b + 3ab^2 + b^3,$$
$$(a+b)^4 = a^4 + 4a^3b + 6a^2b^2 + 4ab^3 + b^4,$$
……

上面的展开式有什么规律? 下面我们以 $(a+b)^4$ 的展开式为例来分析讨论.
$$(a+b)^4 = (a+b)(a+b)(a+b)(a+b)$$
$$= a^4 + 4a^3b + 6a^2b^2 + 4ab^3 + b^4.$$

$(a+b)^4$ 的展开式的每一项,是从 4 个括号中每个里面任取一个字母的乘积, 因而各项都是 4 次式,即展开式有下面形式的各项:
$$a^4, a^3b, a^2b^2, ab^3, b^4.$$

现在来看上面各项在展开式中的个数,也就是在展开式中各项的系数. 我们运用组合的知识来讨论.

在上面 4 个括号中,都不取 $b$ 的情况有 $C_4^0$ 种,所以 $a^4$ 的系数是 $C_4^0$;

在 4 个括号中,恰有 1 个取 $b$ 的情况有 $C_4^1$ 种,所以 $a^3b$ 的系数是 $C_4^1$;

在 4 个括号中,恰有 2 个取 $b$ 的情况有 $C_4^2$ 种,所以 $a^2b^2$ 的系数是 $C_4^2$;

在 4 个括号中,恰有 3 个取 $b$ 的情况有 $C_4^3$ 种,所以 $ab^3$ 的系数是 $C_4^3$;

在 4 个括号中,4 个都取 $b$ 的情况有 $C_4^4$ 种,所以 $b^4$ 的系数是 $C_4^4$.

可以得出
$$(a+b)^4 = a^4 + 4a^3b + 6a^2b^2 + 4ab^3 + b^4$$
$$= C_4^0 a^4 + C_4^1 a^3b + C_4^2 a^2b^2 + C_4^3 ab^3 + C_4^4 b^4.$$

一般地,对于任意正整数 $n$,有如下的展开式:
$$(a+b)^n = C_n^0 a^n + C_n^1 a^{n-1}b + C_n^2 a^{n-2}b^2 + \cdots + C_n^r a^{n-r}b^r + \cdots + C_n^{n-1} ab^{n-1} + C_n^n b^n.$$

(7-7)

公式(7-7)叫作**二项式定理**. 右边的多项式叫作$(a+b)^n$的**二项展开式**,共有$n+1$项,其中每一项的系数$C_n^r(r=0,1,2,\cdots,n)$叫作**二项式系数**,式中的$C_n^r a^{n-r} b^r$叫作二项展开式的**通项**,它是展开式中的第$r+1$项,用$T_{r+1}$表示为

$$T_{r+1} = C_n^r a^{n-r} b^r.$$

在二项式定理中,如果取$a=1, b=x$,则得到

$$(1+x)^n = 1 + C_n^1 x + C_n^2 x^2 + \cdots + C_n^r x^r + \cdots + C_n^{n-1} x^{n-1} + C_n^n x^n. \quad (7\text{-}8)$$

这也是一个常用的公式.

应用组合数的计算公式,二项式定理还可以写成:

$$(a+b)^n = a^n + na^{n-1}b + \frac{n(n-1)}{1\times 2} a^{n-2} b^2 +$$

$$\frac{n(n-1)(n-2)}{1\times 2\times 3} a^{n-3} b^3 + \cdots + nab^{n-1} + b^n. \quad (7\text{-}9)$$

**【例1】** 写出$(a+b)^5$的展开式.

**解** $(a+b)^5 = C_5^0 a^5 + C_5^1 a^4 b + C_5^2 a^3 b^2 + C_5^3 a^2 b^3 + C_5^4 a b^4 + C_5^5 b^5$
$\qquad\qquad = a^5 + 5a^4 b + 10 a^3 b^2 + 10 a^2 b^3 + 5a b^4 + b^5.$

**【例2】** 求$(1-x)^6$的展开式.

**解** 由公式(7-8)得

$(1-x)^6 = [1+(-x)]^6$
$\qquad = 1 + C_6^1 (-x) + C_6^2 (-x)^2 + C_6^3 (-x)^3 +$
$\qquad\quad C_6^4 (-x)^4 + C_6^5 (-x)^5 + C_6^6 (-x)^6$
$\qquad = 1 - 6x + 15x^2 - 20x^3 + 15x^4 - 6x^5 + x^6.$

**【例3】** 求$\left(x - \dfrac{1}{x}\right)^9$的展开式中$x^3$的系数.

**解** 展开式的通项是

$$T_{r+1} = C_9^r x^{9-r} \left(-\frac{1}{x}\right)^r = (-1)^r C_9^r x^{9-2r}.$$

根据题意,得

$$9 - 2r = 3, r = 3.$$

因此,$x^3$的系数是

$$(-1)^3 C_9^3 = (-1)^3 \times \frac{9\times 8\times 7}{3\times 2\times 1} = -84.$$

**【例4】** 计算$(0.997)^5$的近似值(精确到$0.001$).

**解** $(0.997)^5 = (1-0.003)^5$
$$= 1 - 5 \times 0.003 + 10 \times 0.003^2 - \cdots,$$
根据题中精确度的要求,从第3项起以后各项都可以删去,所以
$$(0.997)^5 \approx 1 - 5 \times 0.003 = 0.985.$$

1. 求 $(2p+q)^7$ 的展开式.

2. 求 $\left(x+\dfrac{1}{x}\right)^9$ 的展开式中 $x^5$ 的系数.

3. 计算 $(1.003)^5$ 的近似值(精确到 $0.001$).

## 2. 二项式系数的性质

观察二项式 $(a+b)^n$ 的展开式,我们可以得到下面一些性质:

(1) 展开式中共有 $n+1$ 项.

(2) 各项里 $a$ 的指数按降幂排列,次数从 $n$ 起依次减少1,直到次数变为0为止;$b$ 的指数按升幂排列,次数从0起依次增加1,直到次数变为 $n$ 为止. 每项里 $a$ 和 $b$ 的指数之和等于二项式的指数 $n$.

(3) 由第1项起,各项二项式系数依次为
$$C_n^0, C_n^1, C_n^2, \cdots, C_n^n.$$
与展开式首末两端分别"等距离"的两项的二项式系数相等. 由组合数的性质 $C_n^r = C_n^{n-r}$ 亦可得出这一点.

(4) 展开式中第 $r+1$ 项记作 $T_{r+1}$,那么有
$$T_{r+1} = C_n^r a^{n-r} b^r. \tag{7-10}$$

(5) 如果二项式的幂指数是偶数,那么最中间一项的二项式系数最大;如果二项式的幂指数是奇数,那么最中间两项的二项式系数相等且最大.

**【例5】** 求 $(1+x)^{10}$ 的展开式中第3项.

**解** 因为 $r+1=3$,即 $r=2$,由公式(7-10)可得
$$T_3 = C_{10}^2 1^8 x^2 = 45x^2.$$

**【例6】** 求 $(1+x)^8$ 的展开式中二项式系数最大的项.

**解** 已知二项式的幂指数是偶数8,展开式共有9项,根据二项展开式的性质,最中间一项的二项式系数最大,所以要求的项为

$$T_5 = C_8^4 x^4 = 70x^4.$$

**【例 7】** 求 $\left(\sqrt[3]{x} - \dfrac{1}{\sqrt{x}}\right)^{15}$ 的展开式中不含 $x$ 的项.

**解** 设不含 $x$ 的项是第 $r+1$ 项. 因为

$$T_{r+1} = C_{15}^r (\sqrt[3]{x})^{15-r} \left(-\dfrac{1}{\sqrt{x}}\right)^r = (-1)^r C_{15}^r x^{\frac{30-5r}{6}},$$

由题意可知,$\dfrac{30-5r}{6} = 0$,即 $r = 6$.

所以不含 $x$ 的项是第 7 项,$T_7 = (-1)^6 C_{15}^6 = 5005$.

**【例 8】** 已知 $\left(x + \dfrac{1}{x}\right)^n$ 的展开式中,第 4 项系数与第 5 项系数之比为 $1:2$,求幂指数 $n$ 及第 $n-3$ 项.

**解** 因为第 4 项系数是 $C_n^3$,第 5 项系数是 $C_n^4$,由题意得

$$C_n^3 : C_n^4 = 1 : 2,$$

即

$$\dfrac{n!}{3!(n-3)!} : \dfrac{n!}{4!(n-4)!} = 1 : 2,$$

化简,得

$$\dfrac{4}{n-3} = \dfrac{1}{2},$$

解之,得

$$n = 11.$$

$$T_{n-3} = T_8 = C_{11}^7 x^4 \left(\dfrac{1}{x}\right)^7 = 330 \dfrac{1}{x^3}.$$

**【例 9】** 证明:$C_n^0 + C_n^1 + C_n^2 + \cdots + C_n^r + \cdots + C_n^n = 2^n$.

**证明** 运用 $(1+x)^n$ 的展开式

$$(1+x)^n = C_n^0 + C_n^1 x + C_n^2 x^2 + \cdots + C_n^r x^r + \cdots + C_n^n x^n,$$

设 $x = 1$,则

$$2^n = C_n^0 + C_n^1 + C_n^2 + \cdots + C_n^r + \cdots + C_n^n.$$

这说明,$(a+b)^n$ 的展开式的所有二项式系数的和等于 $2^n$.

如果我们将二项展开式的二项式系数列成如下的形式:

$(a+b)^0$ ⋯⋯⋯⋯⋯⋯ 　　　　　1

$(a+b)^1$ ⋯⋯⋯⋯⋯⋯ 　　　　1　　1

$(a+b)^2$ ⋯⋯⋯⋯⋯⋯ 　　1　　2　　1

$(a+b)^3$ ⋯⋯⋯⋯⋯⋯ 　1　　3　　3　　1

$(a+b)^4$ ……………            1   4   6   4   1
$(a+b)^5$ ……………          1   5   10   10   5   1
$(a+b)^6$ ……………        1   6   15   20   15   6   1
     ……                        ……
$(a+b)^n$ ……………    1   $C_n^1$   $\cdots$   $C_n^{r-1}$   $C_n^r$   $\cdots$   $C_n^{n-1}$   1
$(a+b)^{n+1}$ …………  1   $C_{n+1}^1$   $C_{n+1}^2$   $\cdots$   $C_{n+1}^r$   $\cdots$   $C_{n+1}^n$   1

可以看出,它们之间有如下规律:

每行两端的系数都是1,而且除1以外的每一个数都等于它肩上两个数的和,即 $C_{n+1}^r = C_n^{r-1} + C_n^r$. 这样的表,我国南宋时期数学家杨辉1261年在他所著的《详解九章算法》一书中已有所记载,我们称之为"杨辉三角". 在欧洲,人们认为这个表是法国数学家帕斯卡(Blaise Pascal,1623～1662年)首先发现的,他们把这个表叫作**帕斯卡三角**.

**练习**

1. 求 $(2a-b)^6$ 的展开式中第3项.

2. 求 $\left(\dfrac{\sqrt{x}}{3} + \dfrac{3}{\sqrt{x}}\right)^8$ 的展开式的中间一项.

3. 求 $\left(x^2 - \dfrac{1}{x}\right)^{12}$ 的展开式中不含 $x$ 的项.

4. 如果 $\left(\sqrt{x} + \dfrac{1}{\sqrt[3]{x^2}}\right)^n$ 的展开式中,第5项的系数与第3项的系数之比为 $7:2$,求幂指数 $n$.

5. 证明在 $(a+b)^n$ 的展开式中,奇数项的二项式系数的和等于偶数项的二项式系数的和.

**习题 7.4**

1. 求 $(x+y)^5$ 和 $(a-2b)^5$ 的展开式.

2. 求 $(1-x)^{10}$ 的展开式的第3项.

3. 求 $\left(x - \dfrac{1}{x}\right)^{10}$ 的展开式中不含 $x$ 的项.

4. 求 $(x^3 + 2x)^7$ 的展开式的第4项的二项式系数,并求第4项的系数.

5. 求 $(x+2y)^9$ 的展开式中二项式系数最大的项.

6. 求 $C_{11}^1+C_{11}^3+\cdots+C_{11}^{11}$ 的值.

7. 求 $(1-x)^{13}$ 的展开式中含 $x$ 的奇次项系数的和.

8. 计算 $(0.9998)^8$ 的近似值(精确到 $0.001$).

## 名词索引

排列 permutation(88)

选排列 selected permutation(88)

全排列 full permutation (88)

排列数 number of permutations(89)

阶乘 factorial(89)

重复排列 permutation with repetition(91)

组合 combination(93)

组合数 combinatorial number(94)

二项式定理 binomial theorem(102)

二项展开式 binomial expansion(102)

二项式系数 binomial coefficient(102)

通项 general term(102)

## 数 学 符 号

! 阶乘的符号,它不能单独使用,总是与某自然数相匹配.例如,3! 表示 3 的阶乘.

$n!$ 表示 $n$ 的阶乘,其展开式为 $n!=1\times2\times3\times\cdots\times n$.

$P_n^m$ 排列数的标记符号,表示从 $n$ 个不同元素中每次取出 $m$ 个元素的排列数.

$C_n^m$ 组合数的标记符号,C 是英文 Combination 的首写字母.

$C_n^r$ 二项式系数的标记符号.关于二项式系数,我国数学家杨辉在《详解九章算法》中有记载.

$T_{r+1}$ 二项展开式中通项的标记符号. $(a+b)^n$ 的展开式中第 $r+1$ 项为 $T_{r+1}=C_n^r a^{n-r}b^r$.

## 常 用 公 式

$n!=1\times2\times\cdots\times n$

$0!=1 \qquad 1!=1$

$P_n^m=n(n-1)(n-2)\cdots(n-m+1)$

$P_n^n=n(n-1)(n-2)\cdots3\times2\times1=n!$

$$P_n^m = \frac{n!}{(n-m)!}$$

$$C_n^m = \frac{n(n-1)(n-2)\cdots(n-m+1)}{m!}$$

$$C_n^m = \frac{n!}{m!(n-m)!}$$

$$C_n^m = C_n^{n-m} \ (m \leqslant n)$$

$$C_{n+1}^m = C_n^m + C_n^{m-1}$$

$$C_n^0 = 1 \qquad C_n^n = 1$$

$$(a+b)^n = C_n^0 a^n + C_n^1 a^{n-1}b + C_n^2 a^{n-2}b^2 + \cdots + C_n^r a^{n-r}b^r + \cdots + C_n^{n-1}ab^{n-1} + C_n^n b^n$$

$$T_{r+1} = C_n^r a^{n-r} b^r$$

$$(1+x)^n = 1 + C_n^1 x + C_n^2 x^2 + \cdots + C_n^r x^r + \cdots + C_n^{n-1} x^{n-1} + C_n^n x^n$$

## 复 习 题 A

1. 判断题:

    (1) 如果完成一件事,有 $k$ 类不同的方式,求完成这件事共有多少种不同的方法用乘法原理.  (    )

    (2) 如果完成一件事,需要分成 $k$ 个步骤,求完成这件事共有多少种不同的方法用加法原理.  (    )

    (3) 用 1,2,3 这三个数字可以组成多少个没有重复数字的两位数,属于排列问题.  (    )

    (4) 从 1,2,3 这三个数字中任选两个做乘法,共有多少个不同的积,属于组合问题.  (    )

    (5) 6 个人站成两排,每排 3 人,不同的站法有 $P_6^6$ 种.  (    )

    (6) 6 个人分成两组,每组 3 人,不同的分法有 $C_6^2$ 种.  (    )

    (7) $\left(x+\dfrac{1}{x}\right)^{12}$ 的展开式中,不含 $x$ 的项是第 6 项.  (    )

    (8) $(a+b)^n$ 的展开式共有 $n$ 项.  (    )

2. 填空题:

    (1) 箱子中装了 5 只大小不同的蓝色球,5 只大小不同的红色球,现从箱中任取 1 只球,共有_____种不同的取法.

    (2) $0! =$ _____.

    (3) 20 个球队进行单循环比赛,共需安排_____场比赛.

    (4) 从 10 名女团员、5 名男团员中,选出 3 人参加团代会,恰有 1 名男团员当选的选法有_____种.

    (5) 用 1,2,3,4 组成没有重复数字的四位数,其中有奇数_____个.

    (6) 代数式 $(a_1+a_2+a_3)(b_1+b_2+b_3+b_4)$ 展开后,共有_____项.

    (7) $(a+b)^6$ 的展开式为_____.

    (8) $(1+\sqrt{x})^{13}$ 的展开式共有_____项,其中 $x^2$ 的系数为_____.

3. 选择题:

    (1) 从 10 名学生中选出 3 名代表,共有(    )种选法.

A. $P_{10}^3$　　　B. $C_{10}^3$　　　C. $3P_{10}^3$　　　D. $3C_{10}^3$

(2) 某班级有一个 7 人小组,现任选其中 3 人相互调整座位,其余 4 人座位不变,则不同的调整方案共有(　　)种.

A. 35　　　B. 70　　　C. 210　　　D. 105

(3) 某校开设 $A$ 类选修课 3 门,$B$ 类选修课 4 门,一位同学从中选 3 门,若要求两类课程中各至少选 1 门,则不同的选法共有(　　)种.

A. 30　　　B. 35　　　C. 42　　　D. 48

(4) 将 5 个相同的气球分给 4 个小朋友,每个小朋友至少分到 1 个气球,共有(　　)种分法.

A. 5　　　B. 4　　　C. 20　　　D. 9

(5) 参加小组合唱的 6 个男生和 4 个女生站成一排,要求男生站在一起,有(　　)种不同的站法.

A. 10!　　　B. 5!×6!　　　C. 6×5!　　　D. 6!×4!

(6) $(1+x)^{12}$ 的展开式中,二项式系数最大的项是(　　).

A. 第 5 项和第 6 项　　　B. 第 6 项

C. 第 7 项　　　D. 第 6 项和第 7 项

(7) $\left(x-\dfrac{1}{x}\right)^{10}$ 的展开式中的常数项是(　　).

A. $-252$　　　B. 252　　　C. 30240　　　D. $-30240$

4. (1) 由数字 1,2,3,4,5,6 可以组成多少个没有重复数字的五位数?

(2) 由数字 0,1,2,3,4,5 可以组成多少个没有重复数字的四位数?

5. 有 5 个人站成一排:

(1) 共有多少种不同的排法?

(2) 其中甲必须站在中间,有多少种不同的排法?

(3) 其中甲、乙两人必须相邻,有多少种不同的排法?

6. 从 5 名学生中选 2 名:

(1) 参加一项职业技能竞赛,有多少种选法?

(2) 参加两项不同的职业技能竞赛,有多少种选法?

7. 在产品检验时,常从产品中抽出一部分进行检查. 现有 50 件产品,其中有 2 件次品,其余都是合格品. 现在从 50 件产品中抽出 3 件进行检查:

(1) 一共有多少种不同的抽法?

(2) 抽出的 3 件中恰好有 1 件次品的抽法有多少种？

(3) 抽出的 3 件中最多有 1 件次品的抽法有多少种？

(4) 抽出的 3 件中至少有 1 件次品的抽法有多少种？

8. 展开下列各式：

(1) $(x+y)^6$；　　　(2) $(a+2b)^7$.

9. 求 $(2a-b)^9$ 的展开式中的第 4 项.

10. 已知 $(1+x)^n$ 的展开式中第 3 项与第 4 项的二项式系数相等，求这两项的二项式系数.

11. 已知 $\left(x+\dfrac{1}{x}\right)^n$ 的展开式中，第 4 项系数与第 5 项系数之比为 $2:3$，求幂指数 $n$ 及第 $n-5$ 项.

# 复 习 题 B

1. 判断题：

(1) 从 1,2,3 中任取两个数，可以组成多少个和数，这属于排列问题. 　　　　　　　　　　　　　　　　　　　　　　　　　( )

(2) 从 1,2,3 中任取两个数，可以组成多少个积数，这属于组合问题. 　　　　　　　　　　　　　　　　　　　　　　　　　( )

(3) $a,b$ 是两个不同的元素，则 $ab$ 与 $ba$ 是不同的排列. 　( )

(4) $a,b$ 是两个不同的元素，则 $ab$ 与 $ba$ 是不同的组合. 　( )

(5) 8 个人站成两排，每排 4 人，不同的站法有 $P_8^8$ 种. 　( )

(6) 8 个人分成两组，每组 4 人，不同的分法有 $C_8^2$ 种. 　( )

(7) 箱子中装了 6 只大小不同的蓝色球，4 只大小不同的红色球，现从箱中任取 1 只球，共有 10 种不同的取法. ( )

(8) 从 10 名男团员、5 名女团员中，选出 3 人参加团代会，恰有 1 名女团员当选的选法有 $5C_{10}^2$ 种. ( )

(9) $\left(a^3+\dfrac{1}{a^3}\right)^{18}$ 的展开式中，不含 $a$ 的项是第 9 项. ( )

(10) $(a^2+b^2)^n$ 的展开式共有 $n$ 项. ( )

2. 填空题：

(1) 代数式 $(a_1+a_2+a_3+a_4)(b_1+b_2+b_3)$ 展开后，共有_____项.

(2) 安排 5 名歌手的演出顺序时，要求某名歌手不是第一个出场，也不是最后一个出场,不同的排法种数是_____.

(3) 一名学生可从本年级开设的 8 门选修课中任选 3 门,从 5 种课外活动小组中任选 2 种,不同选法的种数是_____.

(4) 如果有 20 名代表出席一次会议,每位代表都与其他代表握 1 次手,那么一共握手_____次.

(5) 用 $1,2,3,4,5,6$ 组成没有重复数字的五位数,其中有奇数_____个.

(6) 若 $(x+y)^n$ 的展开式中第 5 项的系数与第 8 项的系数相等,则 $n=$_____.

(7) $(1+x)^{12}$ 的展开式中,第_____项系数最大,它的值为_____.

(8) $(1-\sqrt{x})^{13}$ 的展开式共有_____项,其中 $x^2$ 的系数为_____.

3. 选择题:

(1) 从 15 名学生中选出 3 名代表,共有( )种选法.
   A. $P_{15}^3$    B. $C_{15}^3$    C. $3P_{15}^3$    D. $3C_{15}^3$

(2) 5 个小组分别从三处风景中选出一处旅游,不同的选择方案共有( )种.
   A. $C_5^3$    B. $P_5^3$    C. $5^3$    D. $3^5$

(3) 某乒乓球队有 9 名队员,其中 2 名是种子选手,现要挑选 5 名队员参加比赛,种子选手都必须在内,那么不同的选法有( )种.
   A. 35    B. 21    C. 84    D. 126

(4) 某时装店有 6 种不同花色的上衣和 4 种不同花色的裙子,某人要买上衣和裙子各 2 件,那么她选择的方法共有( )种.
   A. 40    B. 60    C. 80    D. 90

(5) 现有 4 本不同的小说,6 本不同的诗歌,3 本不同的散文,如果某学生要借 2 本书,有( )种不同的借法.
   A. 156    B. 78    C. 26    D. 13

(6) 参加小组合唱的 6 个男生和 4 个女生站成一排,要求女生站在一起,有( )种不同的站法.
   A. $10!$    B. $4! \times 6!$    C. $4 \times 7!$    D. $4! \times 7!$

(7) $\left(8a+\dfrac{b}{9}\right)^{12}$ 的展开式中,二项式系数最大的项是( ).

A. 第 5 项和第 6 项　　　　　B. 第 6 项

C. 第 7 项　　　　　　　　　D. 第 6 项和第 7 项

(8) $\left(2\sqrt{x}-\dfrac{1}{\sqrt{x}}\right)^6$ 的展开式中的常数项是(　　).

A. $-160$　　B. $200$　　C. $160$　　D. $-200$

4. 某班上午要上语文、数学、英语、体育四门课,因体育课不适宜安排在第一节上,有多少种排课方案?

5. (1) 由数字 $1,2,3,4,5,6,7$ 可以组成多少个没有重复数字的六位数?

(2) 由数字 $0,1,2,3,4,5,6$ 可以组成多少个没有重复数字的六位数?

6. 已知有 7 位候选人:

(1) 如果选举班委 5 人,共有多少种选法?

(2) 如果选举正、副班长各一人,共有多少种选法?

7. 一个小组有男生 5 人,女生 4 人,现推选男、女生各 2 人:

(1) 组成环保宣传小组,有多少种选法?

(2) 参加四项不同的技能竞赛,有多少种选法?

8. 用 5 面不同颜色的小旗升上旗杆,以作出信号,总共可作出多少种不同的信号(作信号时,可以只用一面小旗,也可以用多面小旗)?

9. 有 60 件处理商品,其中 48 件是二等品,其余则是等外品.现从中任取两件:

(1) 两件都是二等品的抽法有多少种?

(2) 恰好一件是二等品,另一件是等外品的抽法有多少种?

10. 展开下列各式:

(1) $(\sqrt{a}+b)^5$;　　(2) $\left(\sqrt{x}-\dfrac{1}{\sqrt{x}}\right)^6$.

11. 求 $\left(2x^3-\dfrac{1}{2x^2}\right)^{10}$ 的展开式中的常数项.

12. 已知 $(1+x)^n$ 的展开式中第 4 项与第 6 项的二项式系数相等,求这两项的二项式系数.

13. 已知 $\left(\sqrt{x}+\dfrac{1}{\sqrt[3]{x^2}}\right)^n$ 的展开式中,第 5 项的系数与第 3 项的系数之比是 $7:2$,求展开式中含 $x$ 的一次方的项.

# 自 测 题

1. 选择题：

   (1) 1180°是第（　　）象限角.
       A. 一　　　B. 二　　　C. 三　　　D. 四

   (2) 已知 $\sin\alpha>0,\cos\alpha<0$，则 $\alpha$ 是（　　）.
       A. 第一象限角　　　　B. 第二象限角
       C. 第三象限角　　　　D. 第四象限角

   (3) 函数 $y=-5\sin\left(-2x+\dfrac{\pi}{4}\right)$ 的周期是（　　）.
       A. $\dfrac{\pi}{2}$　　B. $\pi$　　C. $\dfrac{3\pi}{2}$　　D. $2\pi$

   (4) 若函数 $y=3\cos x-1$，则 $y$ 的最大值是（　　）.
       A. 1　　　B. 2　　　C. 3　　　D. 4

   (5) $\sin 22.5°\cos 22.5°=$（　　）.
       A. $\dfrac{1}{2}$　　B. $\dfrac{\sqrt{2}}{2}$　　C. $\dfrac{1}{4}$　　D. $\dfrac{\sqrt{2}}{4}$

   (6) 数列 $1,3,7,15,\cdots$ 的通项公式 $a_n=$（　　）.
       A. $2^n$　　B. $2^n+1$　　C. $2^n-1$　　D. $2^{n-1}$

   (7) 4 和 16 的等差中项和等比中项分别是（　　）.
       A. $10,-8$　　　　B. $10,64$
       C. $10,-64$　　　D. $10,\pm 8$

   (8) 已知数列 $\{a_n\}$ 的通项公式为 $a_n=2n-1$，则数列的前 $n$ 项和 $S_n=$（　　）.
       A. $n^2-1$　　B. $n^2$　　C. $n^2+1$　　D. $(n+1)^2$

   (9) 已知 $\{a_n\}$ 是等比数列，$a_1=4,a_4=\dfrac{1}{2}$，则公比 $q=$（　　）.

A. $-\dfrac{1}{2}$  B. $-2$  C. $2$  D. $\dfrac{1}{2}$

(10) 在等比数列 $\{a_n\}$ 中,已知 $a_1 a_2 a_3 a_4 a_5 = -32$,那么 $a_3 = ($  ).

A. $2$  B. $3$  C. $-2$  D. $-3$

(11) 从 12 名学生中选出 3 名代表,共有(  )种选法.

A. $P_{12}^3$  B. $C_{12}^3$  C. $3P_{12}^3$  D. $3C_{12}^3$

(12) $\left(x+\dfrac{1}{x}\right)^{10}$ 的展开式中的常数项是(  ).

A. $-252$  B. $252$  C. $30240$  D. $-30240$

2. 判断题:

(1) 终边相同的角都相差 $360°$ 的整数倍.  (  )

(2) 第一象限的角是锐角.  (  )

(3) 第二象限的角比第一象限的角大.  (  )

(4) 若 $\cos\alpha = \cos\beta$,则 $\alpha = \beta$.  (  )

(5) 公比是正数的等比数列一定是递增数列.  (  )

(6) 等差数列 $\{a_n\}$ 中,若 $a_1 + a_5 = -10$,则 $a_6 = -10$.  (  )

(7) 若数列 $\{a_n\}$ 的前 $n$ 项和 $S_n = -n^2$,则该数列是公差为 $-2$ 的等差数列.  (  )

(8) $3! = C_3^3$.  (  )

(9) $C_{20}^{19} + C_{20}^{18} = C_{21}^{18}$.  (  )

(10) $P_n^n = 1$.  (  )

3. 填空题:

(1) 与 $-\dfrac{2\pi}{7}$ 终边相同的角的集合为 _____.

(2) 角度制与弧度制转换: $-15° =$ _____,$\dfrac{6\pi}{5} =$ _____.

(3) 若 $\sin\alpha = 0.2$,则 $\sin(\alpha - 2\pi) =$ _____,$\sin(\pi + \alpha) =$ _____,$\cos\left(\dfrac{\pi}{2} + \alpha\right) =$ _____.

(4) $\arccos\left(-\dfrac{1}{2}\right)$ 的值为 _____.

(5) 在等差数列 $\{a_n\}$ 中,$a_6 = 4$,$d = -2$,则 $a_1 =$ _____.

(6) 已知 $2, x, 3x$ 为等比数列,则 $x =$ _____.

(7) $5! = $ _____.

(8) 用 1,2,3,4 组成四位数,其中有奇数 _____ 个.

(9) $(a+b)^6$ 的展开式为 _____.

4. (1) 已知等差数列 $\{a_n\}$ 中,$d=2, n=14, a_n=10$,求 $a_1$ 及 $S_{14}$;

(2) 已知等比数列 $\{a_n\}$ 中,$a_1=-1, a_4=8$,求公比 $q$ 及 $S_4$.

5. 已知 $\sin\theta = \dfrac{1}{2}, \theta \in \left[\dfrac{\pi}{2}, \pi\right]$,计算:

(1) $\cos(2\pi-\theta)$;    (2) $\sin 2\theta$.

6. 求函数 $y=\dfrac{4}{5}\tan\left(2x+\dfrac{\pi}{6}\right)$ 的周期和定义域.

7. 一个小组有男生 5 人,女生 3 人,现推选男、女生各 2 人:

(1) 组成环保宣传小组,有多少种选法?

(2) 参加四项技能竞赛,有多少种选法?

8. 已知 $\left(x+\dfrac{1}{x}\right)^n$ 的展开式中,第 4 项系数与第 5 项系数之比为 2∶1,求幂指数 $n$ 及第 $n-3$ 项.